体育译介与跨文化传播

Translation and Cross-cultural Communication of Sports

第四辑

2023 年 12 月出版

编 委 会

主　　编：李在辉

副 主 编：李　航，袁　彬

责任编辑：霍传颂，唐　玥

委　　员：陈建生，陈丽江，冯　梅，金兴玉，李东鹏，李梦楚，刘海娜，刘　明，宁翠叶，任　锋，杨　梅，杨凤军，贠　琰，张　琪，张小林，张莺凡，张　震，赵　敏，郑　辉，郑　曦

学术顾问：冯光武，黄友义，石　坚，赵友斌，Alexandre Beullac（加拿大），Barnhard P. Derek（加拿大），Gerald R. Gems（美国），Gertrud Pfister（美国），Linda J. Borish（美国）

Publisher: Colorado Academic Press
ADD: 1758 Emerson St, Denver, CO 80218, United States
Website: www.co-academicpress.com

COLORADO ACADEMIC PRESS

Published in the United States of America

By COLORADO ACADEMIC PRESS

1758 Emerson Street

Denver

CO 80218 USA

Email manu@co-academicpress.com

Visit us at http://www.co-academicpress.com

体育译介与跨文化传播　第四辑　2023 年 12 月

Translation and Cross-cultural Communication of Sports　Vol 4　December 2023

ISBN: 979-8-8692-5800-7

Manufactured in the United States of America

10　9　8　7　6　5　4　3　2　1

目　录

CONTENTS

"操控"下的忠实与再创造——近代首本《棒球规则》汉译研究

谢明男[1]，张小林[2]

1，2 成都体育学院外国语学院，四川成都，610041

摘　要： 勒菲弗尔认为翻译是对原作的"操控"，翻译不能真实地反映原作面貌的原因在于它始终受到意识形态、诗学观、赞助人这三重因素的影响。勒菲弗尔操控论被广泛用于经典文学作品的翻译研究，在非文学领域，尤其是体育文本的翻译研究方面，却鲜有涉及。本文以近代中国第一本《棒球规则》汉译本为例，基于勒菲弗尔操控理论观照其翻译，旨在研究意识形态、诗学、赞助人三要素对这本棒球规则翻译的操控，揭示在新事物新概念的引入过程中，社会文化因素对翻译所带来的影响。

关键词： 操控理论；棒球规则；汉译研究

1 引　言

　　鸦片战争以后，近代中国被迫打开国门，开始沦为半殖民地半封建社会。虽然西方列强对中国的侵略造成了不可磨灭的伤痛，但不可否认的是，他们也给中国带来了先进的思想与文化。近代中国也陆续出现了一批仁人志士主张学习西方先进的思想文化，并对此进行了整理翻译，如严复翻译了《进化论》，提出"物竞天择，适者生存"。除了思想文化方面的冲击，随之而来的还有西方近代体育的传入，这与当时的"救国"思潮结合形成了体育救国思潮。因此，体操成为当时所有学校的必修课。后来，受进步教育运动的影响，体育运动开始盛行。基督教青年会（YMCA）翻译了许多体育规则，促成了全运会和远东运动会的举办，极大地推动了中国现代体育的发展[2]。1924 年中华全国体育协进会成立后，各类体育规则的翻译与改进也极大地推动了西方体育在中国的普及与发展[1]。也正是在这一时期，棒球规则首次在中国被翻译和出版[3]。1925 年版本的《棒球规则》作为第一个官方中文译本，它带有深刻的社会文化印记。本文将以该版译本为研究对象，从操控理论的角度系统考察其翻译背后的社会文化影响，试图为当今体育规则的翻译提供一些启示。

2 勒菲弗尔操控理论

　　20 世纪后期以来，随着各种翻译流派和理论的出现，翻译研究领域呈现出多元化的趋势。其中，"描述翻译学"是影响最大的流派之一，代表人物有詹姆斯·霍尔姆斯、安德烈·勒菲弗尔和苏珊·巴斯内特。他们致力于打破传统语言研究方法的束缚，探索翻译研究的新模式[4]。他们对翻译的研究不再局限于文本本身，相反，他们考虑到民族、文化、社会等方面，形成了自己独特的翻译理论[5]。

　　早在 1985 年，英国当代翻译理论家赫曼斯（Hermans）就指出："从目的文学的角度看，所有的翻译都意味着为了某种目的而对原文进行某种程度的操控。"[6] 这一观点被认为是操控学派翻译理论（School of Manipulation）的雏形[7]。德克萨斯大学奥斯汀分校的翻译与比较文学教授勒菲弗尔以自己的深刻见解丰富了这一理论，推动了这一理论的发展。勒菲弗尔和他的追随者坚持认为"操控"是一个中性词。译

---

[1] 第一作者简介：谢明男(1999-)，女，四川人，在读硕士研究生，研究方向：体育翻译，E-mail:909957086@qq.com。
[2] 通讯作者简介：张小林(1982-)，男，博士，教授，研究生导师，研究方向：翻译研究、体育翻译史研究。

者在一定程度上需要对原文进行改写，改写是操控翻译的核心手段。狭义的改写是把源语文本改写为目的语文本。广义的改写是指在源语转换为目的语文本的过程中翻译、修改、编选、评价以及编辑的过程。无论改写的目的是什么，它都在一定程度上反映了某种意识形态和诗学观。勒菲弗尔认为，翻译无法真正反映原作的面貌，主要是因为它总是受到意识形态、诗学和赞助人的影响。这三个因素既可能促进文学作品的发展，也可能成为阻止、阻碍甚至破坏文学作品的力量[8]。勒菲弗尔的操控理论在翻译研究领域有着不可替代的作用，为翻译研究提供了新的明确的方向。它使人们把目光从文本本身转向与文本相关的社会文化和意识形态，促进了翻译研究的发展。

国内外学者大多采用勒菲弗尔的操控理论来研究文学作品的翻译。如胡芳毅（2014）以外宣翻译中对政治文本翻译的改写为例，指出意识形态对翻译的操控作用。她认为译者应在顺应外国读者思维习惯的同时，保持高度的本土意识，以民族意志为先，坚持原文思想[9]。Zhou 和 Li（2019）以任荣荣的《夏洛特的网》中文版为例，分析了儿童文学翻译中诗学和意识形态的操控和影响[10]。然而，这些基于勒菲弗尔操控理论的翻译研究主要集中在文学作品上，鲜少有人对体育文本进行研究。在体育文本翻译的研究中，大多数学者集中于对体育新闻翻译和专业术语翻译的研究，而体育规则翻译的研究凤毛麟角，从勒菲弗尔操控理论角度对体育规则的翻译进行系统分析的更是处于空白状态。在民国这个新旧文化交替、西学东渐的时期，棒球作为舶来品，中国并未对应的约定成俗的表述。在规则的翻译过程中，诗学、赞助人和意识形态的影响是显而易见的。

3 棒球及其在中国的发展

棒球最初只是一种简单的用球棒击球的游戏，这在古代中国、希腊等国家的文物和寺庙浮雕中都有所体现，这可以说是棒球的萌芽[11]。17 世纪中叶，随着英国移民来到新大陆，棒球运动的雏形诞生了。棒球最初是由英国的板球发展而来的。在早期，它被称为圆场棒球或新英格兰球。1845 年，25 岁的小亚历山大·卡特赖特（Alexander Cartwright Jr.）制定了第一个棒球规则标准，因此他也被称为棒球之父。1846 年，美国新泽西州举行了全美第一场棒球比赛；1869 年，美国出现了第一支职业棒球队；1876 年，美国国家棒球联盟成立；1901 年，美国联盟成立[12]。彼时，棒球运动经过一百多年的发展，已成为一项风靡全球、充满活力的运动。

近代中国的棒球运动最初是由留美、留日学生引进的，后来在国外教会学校和基督教青年会的倡导下逐渐在中国发展起来。中国最早的棒球活动始于 1865 年。辛亥革命后，棒球运动得到了大规模的发展。中国最早的棒球比赛是 1905 年在上海的圣约翰大学和基督教青年会之间举行的。20 世纪初，美国蓄意利用基督教青年会在中国开展体育活动，基督教青年会的主要任务是宣传现代体育活动，组织和控制早期体育比赛，培养体育专业人才。辛亥革命后，现代大学和中学也将棒球列入课程，极大地普及和促进了棒球运动的发展[1]。

棒球的普及也带来了规则统一的需求。1925 年翻译出版的《棒球规则》是近代中国第一本汉语棒球规则，该译本是由约翰·福斯特（John B. Foster）1922 年出版的《棒球规则》编译而成，译者署名为"中国体育社"。"中国体育社"应该是中华体育协进会的一个分会，该社还翻译了《最新注释女子篮球规则》《三十种球戏规则》《田径赛全能规则》《足球规则》《游泳规则》《排球规则》《男子篮球规则》等体育规则，这些书籍均由三民出版社出版。首版《棒球规则》中译本分为三个部分，第一部分是棒球概述，第二部分是棒球规则，最后一部分是附录。总体而言，该版《棒球规则》的译者受文化操控影响，对原文做了补充和修改，使之比原文更清晰、更详细，在很大程度上，推动了棒球运动的发展。

4 首版《棒球规则》汉译中的操控

4.1 赞助人的操控

勒菲弗尔认为，文学创作和翻译有内外两方面的制约因素。内因指的是"专业人士"，包括评论家、教师和译者；外因指的是"人和机构"，他们通常拥有促进或阻止文学创作和翻译的权力。赞助人通常对文学的意识形态感兴趣，而作家则关注诗学。赞助人可以是个人、出版社、媒体等等。

本研究所涉及之三民图书公司（三民公司），即上海三民图书公司。据资料显示，三民图书公司成立于民国十四年即 1925 年，地址位于上海吕班路（今重庆南路）弄蒲柏坊 47 号，经理兼总编辑是吴拯寰。三民图书公司创立的主旨——据《民国时期出版史料汇编》显示：继承孙中山先生的遗志并宣扬先生的"三民主义"。三民公司在创立以后出版发行了许多书籍，以下列举一二：《三民主义考试问答一百条》（1935 年版，"三民考试问答丛书"）、《中山全书》（孙中山著，1935 年版）、《总理遗教党义一百条》（吴拯寰主编）等。一直到建国后都还有三民公司出版的书籍，如《纸老虎》《中华劳动英雄》等。三民公司本质上作为一个出版机构，出版了各式各样的书籍，既有普及科学知识的丛书，也有带着浓厚政治色彩的书籍。本文涉及的 1925 版《棒球规则》就是三民公司系列丛书之一。

《棒球规则》作为三民公司新时代体育丛书系列之一，由"中国体育社"编译。如上文所述，中国体育社应该是所属于中华体育协进会。中华全国体育协进会成立于 1924 年，它主要通过体育书籍、报刊及电影等大众传播以及通过下设体育组织和各地分支会等组织传播方式来传播近代体育。其编撰了数量众多的体育刊物，由当时的众多出版社出版。同时，中华体育协进会还负责公布体育规则和运动纪录[15]。由此可见，三民公司出版的这本《棒球规则》正是在这种背景下得以翻译出版的。此版棒球规则译者添加了许多主观的内容和自己的观点，这是原文中所没有的。这可以用一些例子来说明。

例 1. 译作在目录中增加了"棒球概说"这一新的部分，这在原作中是没有的。原作目录直接以"Index to Rules"开始，即开门见山地进入对棒球规则的介绍。而译作则增添了对棒球大背景的介绍，"棒球概说"以六部分组成——（1）棒球的兴起；（2）棒球的发源地和及其传播；（3）棒球游戏的大概和及其吸引力；（4）棒球名称的异同；（5）规则的订立和名词的艺术化；（6）棒球游戏中的各种运动人员。"棒球概说"之后才进入对规则的介绍，即原作中的"Index to Rules"，而这一部分则对应原作的规则进行了一一对照的翻译。

例 2. 同样地，译作的目录中增添了"附编"这一部分，这在原作中也是没有的。"附编"包括（A）棒球训练要诀——1. 球员的地位；2. 在场的练习；3. 游戏的开始；4. 球员的运动；（B）棒球规则专门名词中英对照表。在附编中，译者先是新增了棒球运动的一些训练要点，这也是为了在中国传播棒球运动所考虑的一点，既可以介绍棒球的一些核心要点，也可以普及棒球的相关知识。而新增的专有名词中英对照表既可以规范棒球规则的专有名词翻译，也可以普及棒球英语的知识。当时的棒球比赛以及其他体育运动比赛大多是由基督教青年会发起及组织的，在棒球规则中增添这一部分大抵是有这一原因。

例 3. 译者在译文中增加了棒球的概论，这在原文中是没有的。整个棒球概论分为六个部分：(1)棒球的起源；(2)棒球的诞生地及传播；(3)棒球运动的概况和利益；(4)棒球名称的异同；(5)规则的制定和名词的艺术性；(6)千差万别的棒球运动员。这种分类在最初的原作规则中是没有的。

例 4. 在译本的最后，附录中还增加了原文中没有的内容：棒球规则专有名词汉英对照表。在这里，棒球的基本专有术语被整理出来并附上中文翻译，如 "first base"一垒，"pitcher"-发球员等。

本研究认为这部分的增加与三民出版社即赞助人有密切关系，因为出版社要考虑翻译的作品能否被市场接受，能否被读者理解，能否满足人们的阅读习惯。出版社出版棒球规则翻译的目的也是为了让棒

球运动能够在一定范围内得到普及与传播，而此书的作用相当于一本科普读物。"棒球概说"这部分的加入，可以让旧社会的大众更好地认识并了解棒球运动，对棒球产生兴趣。同时，也可以让译作对当时的棒球运动规则制订一个标准与规范以供棒球运动员及棒球运动的参与者参考。笔者认为译者对这部分的处理正好符合赞助人的期望，一本书能够出版，必定是具有知识性和价值性。而知识性是肯定的，这是一本书的主体内容；价值性笔者认为是要符合书籍作为一件商品的使用价值和价值的结合，在市场上可以为出版社以及背后的支持力量带来有预见性的利益。而正是这一力量推动译者为我们翻译了一个符合当时中国国情和大环境的优秀译作，使得此作成为了一个完整而严谨的翻译作品。

4.2 意识形态的操控

意识形态关注的是社会应该或者可以是怎样的，它决定了译者基本的翻译策略。而赞助人的操控往往与意识形态的操控紧密联系在一起。意识形态是赞助人与出版的机构强加给译者的。译者必须在目的语的思想意识和自己作为职业工作者的地位之间取得妥协。意识形态决定了译者的基本翻译策略和对源语文化的处理[14]。意识形态作为一个社会和文化的产物，对社会成员的行为起着指导作用，制约和影响着人们的世界观和价值观。并且，意识形态往往涉及政治层面、上层建筑。在涉及政治文本的翻译以及外宣翻译时，意识形态对译本的操控远远大于赞助人和诗学，而赞助人通常决定了意识形态。因此，在翻译活动中，意识形态起着重要的作用。

民国时期，旧中国正处于一个各种思想交汇的时期，也是一个摒弃旧思想、接受新事物的时期。在基督教青年会的努力下，包括棒球在内的各种西方运动在中国得到了发展。当时，棒球运动主要在大学和一些中学开展。全运会和远东运动会也在一定程度上促进了棒球运动的发展。但当时体育运动举办权基本上是掌握在基督教青年会的手中，即外国人手里，大部分运动会都是由外国人一手操持。作为中国体育事业开创者的青年会 1902 年举办了中国有史以来的第一次运动会；1914 年举办了第二届全国体育运动会。1923 年在日本大阪举行的远东运动会名义上由中国代表团组织，实际上真正操持者是美国人葛雷，他同时也是开幕式上中国代表团的发言人。这对于中国来说无疑是巨大的耻辱，因此这届远东运动会在一定程度上促进了中华体育协进会的成立。国人绝不能容忍自己的体育权和命运掌握在他人手中，越来越多的人意识到了体育的重要性。1923 年，以张伯苓为代表的爱国主义者，借助第十届华北运动，掀起了一场轰轰烈烈的争夺体育自主权的斗争，他们试图从外国人手中夺回原本就属于我们中国人自己的权利。

同时，体育救国思潮也正在兴起，中华体育协会的成立对体育的传播也决定了此时需要一大批体育刊物宣传近代体育运动。但由于以前的体育都是掌握在外国人手里，因此各项体育运动的规则及规范用语以及大部分体育刊物及书籍都是英文版的，并没有中文版或者官方译本。要夺回体育权，各项体育运动规则及体育刊物迫切需要完整客观的中文译本。

因此，由中国体育社编撰、三民出版社出版的规则正好满足了当时社会的需要。体育规则作为一种相对客观的文本，与文学作品的翻译相比，需要翻译得准确客观，不能省略或过度改写。同时也要起到普及基本体育规则通识的功能。这里举例说明。

例 1.　The players of each club, actively engaged in a game at one time, shall be nine in number, one of whom shall act as captain; and in no case shall more or less than nine men be allowed to play on a side in a game.

译文：每队比赛员的人数规定九人，其中的一个人做队长。每次正式比赛的时候球员必须九人，不可多或少。

例 2.　"Play" is the order of the umpire to begin the game or to resume it after its suspension.

译文："比赛"，是裁判员在比赛开始时或是比赛暂停后，在开始时所发的命令。

例 3.　"Time" is the order of the umpire to suspend play. Such suspension must not extend beyond the day.

译文："暂停"，是裁判员在比赛暂停的时候所发的命令。暂停时间不可以超过一天。

例 4.　"An Inning" is the term at bat of the nine players representing- a club in a game and is completed when three of such players have been legally put out.

译文："一局"，是一队有九个球员轮流击球的时候，有三个球员出局以后，裁判员所宣布的名词。

在例 1 和例 4 中，译者对原文的处理符合科学严谨的准则，都采取了直译的翻译方法。对涉及数字及度量名词的翻译都是一一对照翻译。如例 1 中的"每队比赛人数规定九人"、"必须九人，不可多或少"；例 4 中的"一队有九个球员轮流击球，有三个球员出局"。以上数字若被遗漏或是错译就会对原文产生极大的意义偏差，也会对读者产生误导，更会对棒球规则的规范制造混乱。比如"九人"错译为"八人"，"三个"错译为"一个"，都对棒球规则会产生极大扭曲的解读。对刚接触棒球的人会产生误导，而导致比赛过程中的信息不对等，从而带来蝴蝶效应。正因如此，体育文本的翻译才和文学作品的翻译有极大的区别。文学作品大多是为了陶冶情操、放松身心及给人以深刻的影响，它可以采取多种多样的翻译方法，如意译、增译等为文学作品的美化服务；但体育文本的翻译不可以，体育文本功能性和目的性很强，要么是为了规范市场，要么是为了传达命令，这就决定了译者在翻译体育文本时必须秉持科学严谨的态度以最事半功倍的方法去进行翻译。而过度修饰都对体育文本的翻译没有任何意义。

例 2 和例 3 则是对棒球比赛中的一些专有名词进行的翻译，这里涉及时间度量的词如"比赛开始时"、"比赛暂停后"等都是体育文本翻译严谨而又简短的体现。如从上面的例子我们可以看出，在翻译规则中，译者逐字逐句翻译，没有遗漏或过度改写。因为这些句子一旦被省略或改写，规则就会发生变化，原有的意思就会被扭曲，从而导致比赛中信息的不平等。

在 1925 年版《棒球规则》的扉页上，中国体育社的译者写道:本棒球规则具有对国家体育界有贡献的意义。这反映了译者的个人价值取向。中国体育社成立的初衷是传播棒球运动，促进棒球运动的发展，为体育事业做出贡献。笔者认为在一定程度上意识形态对此译作的影响也体现在具体的翻译中，即此版棒球规则的出版会对一定范围内的大众产生指导作用，产生思想上的影响。主流文化和主流意识形态对社会阶层的方方面面都会产生巨大的影响，文学就是其中之一。而体育规则的翻译，就涉及了文学和体育两个方面，其影响力可想而知。

民国时期的主流思想更倾向于新文学，积极学习西方先进的思想文化体系，也促进了西方民主。因此，当时的社会环境是比较开放的，这就是为什么当时可以出版各种各样的书籍。辛亥革命后，体育救国的思想开始传播。统治者也更加重视体育的发展。因此，有必要有这样一个规则来指导这项运动。中国体育社之所以选择编写这个版本，大概就是考虑到了这一点。

4.3　诗学观的操控

简而言之，诗学就是文学在社会中的样子。为了使译文更符合目的语环境，译者需要对原文进行相应的修改。诗学是译入语文化系统的重要组成部分，它与社会意识形态密切相关。民国时期的翻译活动明显受到诗学的影响，这反映了诗学在句法结构、表达方式和一些汉字方面对翻译的影响。

五四运动之前，以中国先进知识分子为代表的白话文运动对后来的文学表现形式产生了很大的影响。中国早期的白话文运动，要追溯到晚清时期的白话文运动。五四时期的白话文运动也是在晚清白话文运动的基础上得以继承与发展而来的。早在先秦时期，文言文就已成为古人书面语和口语的表达形式。随着社会文化的发展，文言文已经不能适应社会的变化，越来越远离人们的生活。在中国实行了一千多年

的文言虽然不断变化调整以适应时代的发展，然而终究徒劳无功以致于在晚清逐渐走向衰败。在这个时候，人们需要一个更流行的话语来进行交流。摒弃文言文，提倡白话文，已成为大势所趋。但直到清末，文言文的主导地位仍然存在，白话文的影响相对较小。如果说晚清的白话文运动是"松动型"调整以给白话发展提供一个空隙，那么五四时期的白话文运动则是一场大的革命，势必将旧文学语言彻底赶下台去。在晚清，伴随着西方文化的入侵，救亡图存、开启民智迫在眉睫，而报纸这一大众传媒的出现，极大地推动了白话的普及而给文言文造成巨大冲击。这个时期产生了一大批白话报刊，而五四运动的领袖胡适、陈独秀等就是在此时跻身于白话运动的行列当中来的[18]。以胡适为代表的温和派支持白话文运动，反对文言文。而直到五四时期，它才开始大规模发展。这一时期发生了几件决定文风改革的重大事件:科举制度的废除;辛亥革命推翻封建帝制;以及新文化运动的兴起。思想的解放带来了问题的解放，广大人民掀起了民主浪潮，为白话文运动奠定了群众基础。

五四运动的爆发推进了白话运动的进程，而五四时期的白话文运动是与新文化运动紧密联系在一起的。新思想与新主张借助白话文运动得以广泛传播，而通俗的白话在思想启蒙中发挥了巨大的优势，这一运动最终以白话胜出而告终[16]。

正是由于受到五四时期白话文运动的影响，本文研究对象 1925 版《棒球规则》在译文上也基本采用了白话文的形式来进行翻译。因为白话文运动的核心之一就是传播通俗易懂的白话以便于人们使用和理解。而作为普及棒球知识的规则性体育文本，就决定了棒球规则使用白话作为译文的主体。虽然这一时期白话文是社会主流，但文言文也没有完全消失。保守派对它的推崇也注定了它在一定程度上也会影响当时的主流报刊杂志。1925 版《棒球规则》主要以直译为基础，加上适当的注释，力求充分表达原文的意思。虽然大部分内容使用白话文，但部分表达和文体结构仍然有文言文的影子。这就体现了虽然白话文运动中文风进行了一次大改革，但传统诗学仍在一定程度上影响了当时的社会文化。本研究选取了几个例子进行说明。

例 1.　The catcher of first baseman may wear a glove or mitt of any size, shape or weight. Every other player is restricted to the use of a glove or mitt weighing not over 10 ounces and measuring not over 14 inches around the palm.

译文: 接球员和第一守垒员地皮手套样式和大小可以任意。其他球员所用的皮手套，重量须在十两以下，尺寸须在十四寸以下。

例 2.　If the order be not obeyed within one minute the offending player or players shall be fined $5.00 each by the umpire.

译文: 若在发令后一分钟内，球员不遵守他的命令，就可以罚他五元钱。

从上面的例子可以看出，这两个句子采用了直译，如"inch"直接翻译成"寸"，"$"翻译成"元";然而，现在的意思完全不同，"inch"是英寸，"$5"是 5 美元。虽然我们不知道民国时期的计量单位标准，但我们可以知道译文与原文是不同的。这或许是由于当时人们对外国的货币制度不了解造成的。诗学对文本翻译的操控也体现在一些短语的表达上。这个版本的《棒球规则》风格比较通俗易懂，还带着一点旧社会的独特表达。本文从诗学的角度认为这是译者对原文的改写。本研究选取了几个例子进行说明。

例 1.　first baseman; pitcher
译文: 第一垒员; 发球员
例 2.　president
译文: 球会会长

例 3.　spectator

译文：观者

例 4.　A bunt hit is a legally batted ball, not swung at, but met with the bat and tapped slowly within the infield by the batsman.

译文：击球员假使把球轻轻地一击，慢慢儿落在内场以内，称作"推击球"，也算为合法的击中球。

如上面的例子所示，"员"和"者"是带有文言文味道的词，与当时的文化背景有关。"会长"在旧社会是一个常见的词，因为那个时期各种协会很常见，"会长"这个词很常见。在例 4 的句子中，短语"假使"，"慢慢儿"也是口语化的。这种翻译更为人们所接受，符合民国的语言环境，能准确地传达原文的意思。

诗学对翻译的操控在每个历史时期都有体现，这与当时主导的文学体制有关。译者采用符合主流文化的白话文和句式进行翻译，注重翻译的交际效果，在一定程度上体现了翻译过程的主观性。

5 结 论

从勒菲弗尔的操控理论来看，无论什么文本、什么时期的文本，都会受到赞助人、意识形态和诗学的影响。本研究认为，1925 年三民出版社出版的这版《棒球规则》的翻译在一定程度上受到了这三个因素的影响。本研究发现赞助人在翻译中的作用不容忽视，因为没有赞助人就没有翻译，这就是为什么勒菲弗尔所提到的赞助人既可以是促进翻译的力量，也可以是阻碍翻译的力量。葛浩文翻译的《呼兰河》就体现了赞助人对译者的帮助和影响[17]。意识形态对棒球规则翻译的影响可能不是最重要的，但也不容忽视[18]。"翻译是一项政治任务，并且翻译历来都是一项政治任务。"[19]。意识形态要求译者选择符合社会意识形态和社会需要的翻译作品。而且在翻译的过程中，要符合主流思想，不能违背主流思想。而且，诗学对译文的影响是明显的，这在一定程度上决定了译文是否能为大众所接受，是否符合社会文化体系。译者需要迎合主流诗学，在主流诗学的控制下工作。

同时，本研究的局限性也很明显。事实上，我们需要更多的研究来找出最好的方法来发展这个研究中的翻译。由于民国时期史料的缺乏，这一研究的推进遇到了一定的障碍。同时，由于勒菲弗尔的操控理论是一个比较宽泛的概念，因此在研究一些次要的翻译时并不准确。但是，相信本研究可以在一定程度上为体育文本的翻译提供一些经验。

参考文献

[1] 陈明辉. 中华全国体育协进会与近代社会体育事业（1924-1949）[D].华中师范大学,2017.

[2] 彭立刚, 裴东光, 张中民. 远东运动会与中国早期奥林匹克活动--一段被人淡忘的历史[J]. 山东体育学院学报, 2005, 21(6):61-63.

[3] 陈显明. 棒球运动在中国的兴起与早期发展[J]. 成都体育学院学报, 1991(02):23-27.

[4] 孙艺风. 翻译与多元之美[J]. 中国翻译, 2008, 029(004):10-19.

[5] 郭宇.翻译理论家勒菲弗尔及其主要理论简论[J].读与写(教育教学刊),2008(07):39-40.

[6] Hermans, T. The Manipulation of Literature: Studies in Literary Translation. London: Worcester, 1985, 9, 11.

[7] André Lefevere. Translation, Rewriting, and the Manipulation of Literary Fame[J]. Modern Language Journal, 1992, 78(2):516-528.

[8] 张晓娟. 浅谈勒菲弗尔操控理论的三大要素对翻译的影响[J]. 西安社会科学, 2010, 028(004):P.130-131.

[9] 胡芳毅. 操控理论视角下的外宣翻译——政治文本翻译的改写[J]. 中国科技翻译, 2014, 27(002):40-42.

[10] Zhou W , Li Y . On Children's Literature Translation from the Perspective of Manipulation Theory—A Case Study of the Ren Rongrong's Chinese Translation of Charlotte's Web[J]. Theory and Practice in Language Studies, 2019, 9(6):666.

[11] 冯景梅,邹保禄.棒、垒球运动探源及其发展[J].河北体育学院学报,2002(02):29-30.

[12] 刘福安,杨兆春,白玲.棒球的文化内涵——中国棒球联赛的文化前景[J].中国体育科技,2005(04):36-39.

[13] 陈明辉,刘宗灵.中华全国体育协进会与近代体育知识的传播(1924—1949)[J].近代史学刊,2018(02):208-232+305.

[14] 杨忆洁.意识形态操纵下《致蒋经国信》两英译本比较研究[J].海外英语,2016,No.329(13):117-119.

[15] 吴福辉.“五四”白话之前的多元准备[J].中国现代文学研究丛刊,2006(01):1-12.

[16] 旷新年.胡适与白话文运动[J].中国现代文学研究丛刊,1999(02):1-39.

[17] 申洁.从操控理论的角度看《呼兰河传》英译本中的民俗翻译[D].北京外国语大学,2014.

[18] 严少车.勒菲弗尔操控理论对《威尼斯商人》方平译本的操控[J].钦州学院学报,2016,31(08):27-30+67.

[19] 刘建明.新闻发布概论.北京:清华大学出版社,2006,446.

Faithfulness and Re-creation under "Manipulation Theory": A Study on the English-Chinese Translation of the First *Baseball Rules*

Abstract

Lefevere holds that translation is the rewriting and "manipulation" of the original text. The main reason why translation can not truly reflect the original is that it is always influenced by ideology, poetics and patronage. Lefevere's Manipulation Theory has been widely adopted in the analysis of classic literary works. However, the theory hasn't yet been well applied in the study of non-literature translation, let alone the sports texts. Taking the *1925 Baseball Rules* as an example, this paper makes a systematic analysis of its translation from the perspective of Lefevere's Manipulation Theory, aiming to reveal the manipulation of ideology, poetics and patronage on the translation of *Baseball Rules* at that time, so as to find out the cultural factors influencing the translation process.

Keywords: Lefevere; Manipulation Theory; *Baseball Rules*

体育译介与跨文化传播
Translation and Cross-cultural Communication of Sports

第四辑 2023 年 12 月

接受美学视角下《奥林匹克宪章》汉译研究

周思思[1]，张小林[2]
1,2 成都体育学院外国语学院，四川成都，610041

摘　要： 第一部《奥林匹克宪章》由奥林匹克运动的创始人法国教育家皮埃尔·德·顾拜旦（1863～1937）发出倡议并起草，于 1894 年 6 月在巴黎国际体育会议上正式通过并应用。本研究运用文献资料法、逻辑分析法，基于奥林匹克宪章的英文原文和中文版，以德国康斯坦丁学派的代表人物姚斯的接受美学理论为理论基础，从读者期待视野出发，分析了专业术语、语言习惯和文化认知心理三个方面的翻译。研究认为，作为译者，在翻译时需要考虑到读者的主观能动性，让读者以其自身的知识背景、理解能力参与到体育文本中去。因此，在翻译的时候，译者要从专业术语、语言习惯和文化认知心理方面充分照顾到读者的期待视野。最后，为了让体育文献发挥其最大的作用，文章提出了在翻译体育文本时所需的两点注意事项，以期为体育翻译提供一定的理论意义。

关键词： 接受美学；奥林匹克宪章；翻译

1 引 言

中国于 2008 年、2022 年分别在首都北京举办了夏季和冬季奥运会，两次奥运会的圆满完成为中国体育事业的发展奠定了良好的基础。奥运会是国际性的赛事，受到世界的瞩目。通过这两次奥运会的举办使得中国文化走出了国门，迎接了国外文化。也让奥林匹克的理想和精神得到了更好地发扬。特别在疫情困难时期，北京冬奥会还能顺利举办成功，足以彰显中国的大国能力。

1979 年 11 月 26 日，在瑞士洛桑，国际奥委会正式宣布了中国奥林匹克委员会的成立。中国于 1952 年首次参加第 15 季夏季奥林匹克运动会，这是中国第一次与奥林匹克运动的直接接触。但其实，早在 1899 年，《希腊志略》中将 Olympia 翻译为 “俄伦比亚”，这是奥运会第一次出现在中国大众的视野。新中国成立以来我国便积极参与到奥运会，积极发展体育事业。而 1979 年中国奥林匹克委员会成立之后，我国体育事业才平稳发展。“中国与奥林匹克之百年的纠葛，是中国社会、经济、文化发展的变化和‘中外关系的历史变迁’的表征”[1]。在这百年里，从奥运会看到了中国的发展。中国于 1993 年首次申办奥运会，全国上下为之努力。基于这样的背景，奥林匹克出版社出版了詹雷翻译的《奥林匹克宪章》。

《奥林匹克宪章》由国际奥委会制订的总章程，是奥林匹克运动的最高法律文件，是现代奥林匹克运动的根本法，具有权威性。其目的是为了奥林匹克运动的发展，也可称奥林匹克章程或规则，于 1894 年 6 月正式通过生效。一百多年来，奥运会在不断的发展，奥林匹克宪章也在不断完善，现行的《奥林匹克宪章》是 2013 年生效的最新版。宪章中对奥林匹克运动、国际奥林匹克委员会及其他协会、奥运会的项目、礼仪等方面做了明确的规定。奥林匹克宪章作为指导性文件，“为现代奥林匹克运动的发展确立了标准，奥林匹克宪章是奥林匹克运动的圣经”[2]。“《奥林匹克宪章》是奥林匹克运动的思想库”[3]，而 1991 年出版的中文版奥林匹克宪章也对奥运会在中国的普及以及发展起到了积极的作用，对当时申办

---

[1] 第一作者简介：周思思(1998-)，女，四川人，在读硕士研究生，研究方向：体育翻译，E-mail:780206230@qq.com。
[2] 通讯作者简介：张小林(1982-)，男，博士，教授，研究生导师，研究方向：翻译研究、体育翻译史研究。

奥运会也有着特殊的意义。同时，译本的出版为中国奥林匹克委员会的工作指明了道路，使得广大体育工作者、运动员和体育爱好者对奥林匹克精神有着深入的了解。由于中国的体育事业发展较晚，文献的翻译研究比起文学方面来说略有逊色，也鲜有人涉及。因此，本文通过对相关文献资料的整理从接受美学的视角对 1991 年出版的《奥林匹克宪章》做了汉译研究，具有一定的现实意义。也为体育文献翻译提供了指导，以期推动我国的体育事业发展。

2 接受美学理论概述

"接受美学"（Receptional Aesthetic）兴起于 20 世纪 60 年代，是由德国康茨坦斯大学文艺学理论家汉斯·罗伯特·姚斯（Hans Robert Jauss）于 1967 年首次提出的。接受美学诞生后，"实现了文学研究重点从作者和作品到读者的转换"[4]。当时，身为大学教授的姚斯在康斯坦茨大学发表了演讲并根据此次演讲撰写了一篇论文，名为《文学史作为向文学理论的挑战》（*Literary History as a Challenge to Literary Theory*）。姚斯主张：作品即使是印成书，但在读者没有阅读之前，也只是一件半完成品。从受众出发，从接受出发是接受美学的核心理念。在接受美学理论中，"期待视野""视野融合""审美距离"以及"召唤结构"是其四大核心的概念。以姚斯为首的早期观点主要为两个方面："期待视野"和"审美距离"。所谓"期待视野"，是指"读者在阅读理解之前对于文本显现方式的相对期待"[5]。"期待视野在具体的阅读过程中，表现为一种潜在的审美期待"[6]。读者在阅读作品之前会有预先期待，这种期待基于自身的知识背景、经验理论、审美习惯，从而在阅读的时候有本身的理解。"读者的'接受'也非被动接受，而强调主动积极的接受"[7]。这是姚斯提出关于接受美学理论第一阶段的概念，之后在《审美经验与文学解释学》（*Aesthetic Experience and Aesthetic Hermeneutics*）一书中，基于第一阶段的"期待视野"并从伽达默尔那里借来"时间距离"，从而对"审美距离"这一概念做出了相关解释。读者不仅需要对作品有"期待"，同时也要从文本中获取到新的内容。"使文本为读者所接受，在审美距离允许的范围内文本至少应在某方面带来比读者的认识和生活经验更为丰富的东西"[8]。

继姚斯的两大核心概念后，他的同事伊泽尔（Wolfgang Iser）对接受美学理论做出了延续。尽管二者有不同，但其核心仍是以读者为中心。基于此，提出了"召唤结构"这一概念，丰富了接受美学理论。它指的是"文学作品中的'意义空白'和'未定性'在召唤读者'调动自身的种种内在储备对文本进行再创造'"[9]。以读者为中心的接受美学认为，作品的完成需要读者的参与，文本有"空白"，读者发挥其主观能动性利用自身想象去填补。自此，一部作品才算是真正完成。

经研究相关文献发现，接受美学理论主要用于文学作品中。有学者称接受美学"是近期文学理论与早期批评方法的一个主要区别"[10]。它与其他理论有着不同之处。文学作品以其自身的独特性和广泛性，受到学者的追捧。其主要着重于小说、诗歌等两方面。但读者不仅仅只存在于文学作品中，一切有接受者欣赏的艺术形式均有读者。接受美学便可用于其研究，例如：绘画、电影、新闻，甚至是建筑。现如今，随着我国在体育事业的投入比重逐渐加深，体育文献的研究也受到更多的学者关注。不仅是中国，体育在全世界都是追逐对象。因此，体育文献的交流便愈加热烈，这就离不开文献作品翻译的研究。将接受美学应用其中使之更能为人理解。

3 《奥林匹克宪章》文本特征分析

根据纽马克的主张，文本可以分为三类：表达功能型文本（Expressive Function）、信息功能型文本（Informative Function）和号召功能型文本（Vocative Function）[11]。表达功能型文本强调语言表达功能，

翻译时遵循"原作者第一"的原则，这就要求译者忠实于原作的思想内容和语言风格，无需考虑目标语读者的反应。信息功能型文本强调语言的信息功能，其核心内容是"真实性，"遵循"真实第一"的原则。在语言运用上，译者可以目标语读者的语言层次为标准，使文章通顺。号召功能型文本则强调语言的感染力，以读者为中心，翻译时需考虑原语言的语言文化背景以及目的语的语用效果。尽管文本类型可以分三类，但"同一个文本会具备这三种功能，只是其中有某一种功能最为突出"[12]。

《奥林匹克宪章》属于体育文献，体育文献与文学作品不同，文学作品以其感染力强，多被看作是号召功能型文本。"体育语言是一种自成体系、相对独立的行业语言"[13]。也就是说，体育文本的语言包含了许多专业术语，自成一派，与文学作品区分开来。文学作品为了生动形象，大多采用了不同的写作方法，类型多样。比起文学作品具有感染力强的特征，大多数"体育文献逻辑结构严密、语言精确、术语丰富、专业性强"[14]。基于此，体育文本在用词、句式上大多选择准确的词汇，句子简练，句式简单，以便读者快速获取信息，翻译时也多采用信息功能型文本所具备的真实性原则。根据不同的体育运动类型，"体育文献分九类"[15]。体育理论、世界各国体育事业、运动场地与设备、体育运动技术（总论）、田径运动、体操运动、球类运动、武术及名族形式体育、水上、冰上与雪上运动、其他体育活动和文体活动。每一项运动都有其专业用语。且不同的运动用词也不一。以中文中的"场地"为例，篮球场用"court"，板球中用"pitch"，足球中用"field"，拳击中用"ring"，高尔夫中用"course"，冰球中用"rink"。在实际运用中，编写文献的作者应做到真实准确运用。作为科技文体的体育文献具有准确性和真实性，因此对于译者来说，也需要同时具备这一特点，就要做到"必须积累和掌握大量的体育术语，在头脑中建立具体的图式：语言、内容和形式"[16]。并且，"《奥林匹克宪章》是一份内容庞杂的法律文本"[17]。同时，"《奥林匹克宪章》是一部很有特色的国际体育法规，它不同于一般的体育组织章程或竞赛规程，它是奥林匹克主义的具体体现，也是奥林匹克运动的行为规范"[18]。因此，作为法律文本的《奥林匹克宪章》具有权威性，不带个人特色的语言写成，可被划分到信息功能型文本中去，强调其信息功能。翻译时需充分考虑到"真实性"，以目的语读者为主，满足其期待视野，正确完整地传递信息。

4 接受美学视角下《奥林匹克宪章》的翻译

"期待视野"指的是读者对作品的期待，强调关照读者，以读者为中心，让读者参与到作品的完成中。"文学作品必然带着已有的主题、形式、技巧、风格的痕迹，并以公开或隐蔽的方式提示读者，激起读者的某种特定的接受期待"[19]。从特定角度观察接受事物从而得出的结论便是"视域"，读者产生期待后便会产生不同的见解，带入到作品中，得到结论，从而实现"视域转化"。"读者的审美能力和接受能力是读者的'期待视域'，且期待视域是不断变化的"[20]。因此得到的结论也具有多样性。因体育文献的准确性的特征，作为译本的作品也应达到这一要求，同时满足专业人士的"期待视野。"

4.1 专业名词的使用

在体育文本中，随处可见的便是专业名词。《奥林匹克宪章》是最高法律文件和总章程，其专业程度不言而喻。对于专业名词的准确把握，是业内人士需要牢记的部分。因此，译者在处理这些名词时不可随意直译出来，而应该找到它准确的表达。这些词主要涵盖了关于奥林匹克运动中国际协会、相关文件、国际奥委会中的部门的专业翻译。

例 1.

英文原文	汉语译文
Games of the Olympiad	奥林匹克夏季运动会
International Amateur Athletic Federation (lAAF);	国际业余田径联合会(IAAF);
International Rowing Federation (FISA);	国际赛艇联合会(FISA);
International Badminton Federation (IBF);	国际羽毛球联合会(IBF);
International Baseball Association (IBA);	国际棒球联合会(IBA);
International Basketball Federation (FIBA);	国际篮球联合会(FIBA);
International Amateur Boxing Association (AIBA);	国际业余拳击协会(AIBA);
International Canoeing Federation (FIC);	国际皮划艇联合会(FIC);
International Amateur Cycling Federation (FIAC);	国际业余自行车联合会(FIAC);
International Equestrian Federation (FBI);	国际马术联合会(FEI);
International Fencing Federation (FIE);	国际击剑联合会(FIE);
International Amateur Swimming Federation (FINA);	国际业余游泳联合会(FINA);

在上述例子中，专业名词均为奥林匹克夏季运动会所涉及到的国际单项体育联合会。这些用词是现行体育界内最规范的翻译。由于现代奥林匹克运动诞生于法国，故法语在其中扮演了重要的角色。且法语以其严谨性，很多国际组织的规章制度都会有法语版。国际体育协会也不例外，大多以法语的首字母缩写。"缩略词代表着各种名称"[21]。并且在体育工作者日常的使用中，因缩写的简便性和实用性，多以缩写进行交流。所以在翻译时要注意到其用词的顺序是以法语为准。如果仅看缩写就按照英文的顺序进行翻译势必会背离读者的"期待视野"。

例 2.

原文：The goal of Olympism is to place everywhere sport at the service of the harmonious development of man, with a view to encouraging the establishment of a peaceful society concerned with the preservation of human dignity.

译文：奥林匹克主义的宗旨是使体育运动为人的和谐发展服务，以促进建立一个维护人的尊严的、和平的社会。

在上例中，通过查阅牛津字典，原文中的"goal"的意思为：球门、射门；进球得分、目标；目的。如果在译文中翻译成球门或进球得分是不符合语境的，与原意相差甚远。翻译成"目标"，基本符合英文原文的大意，但作为权威的宪章，用词需要官方、正式。"体育翻译研究应当注重作为人的译者"[22]，译者发挥其主观能动性，将"goal"译为"宗旨"，满足了目的语读者的期待视野。

4.2 符合目的语读者的语言习惯

数百年来，学者们对于翻译的讨论绵延不绝，其定义和分类也是众说纷纭。奈达（Eugene A Nida）给出的定义是：所谓翻译，是指从语义到文体，在译语中用最贴切而又最自然的对等语，再现原语的信息[23]。而对于翻译的分类，业内最认可的便是现代语言学家、翻译理论家罗曼·雅各布逊（Roman Jacobson），他系统的将翻译分三类：语内翻译、语际翻译、语符翻译。同时，翻译的原则和策略也有众多学者做出定义，严复的"信达雅"，傅雷的"神似"，钱钟书的"化境论"，许渊冲的"音美、形美、

意美（三美）"等等。1995 年，美国著名翻译理论家劳伦斯·韦努蒂（Lawrece Venuti）在其著作《译者的隐身》中提出归化（Domestication）和异化(Foreignization)的概念。对于归化和异化，郭建中做了解释："前者主张译文应以源语或原文作者为归宿，后者则认为译文应以目的语或译文读者为归宿"[24]。蔡平指出在翻译时，需注意到"无论是从翻译的本质目的还是从翻译的实践来看，翻译的方法（特别是文学翻译），只能以归化为主"[25]。因为将外国作品翻译成目的语读者能够看得懂的作品，需要顺应读者已有的语言习惯。而"归化策略的运用可满足读者的定向期待"[26]。

例 3.

原文：The Olympic motto "Citius, Altius, Fortius" expresses the message which the IOC addresses to all who belong to the Olympic Movement, inviting them to excel in accordance with the Olympic spirit.

译文：奥林匹克格言奥林匹克格："更快、更高、更强"。是国际奥委会对所有属于奥林匹克运动的人们的号召，号召他们本着奥林匹克精神奋力向上。

在上例中，原文中的这句话是对奥林匹克格言的叙述。"excel in"有擅长的意思，直接翻译为号召他们本着奥林匹克精神擅长未免有些不妥，不符合语境内容，读者也不知所以然。译者采用了四字成语的方法将其译为"奋力向上"，既让句子连贯通顺，意思也一目了然。读者在读到这句话时，因符合自身语言习惯的特点便会有熟悉的感觉，缩小了与原文的距离。

例 4.

原文：To be recognized by an NOC and accepted as a member of such NOC, a national federation must be affiliated to an IF recognized by the IOC and conduct its activities in compliance with both the Olympic Charter and the rules of its IF.

译文：全国单项体育协会要取得国家奥委会的承认并被该国家奥委会接收为会员，必须求属于一个被国际奥委会承认的国际单项体育联合会并按照奥林匹克宪章和国际单项体育联合会规则开展自己的活动。

在上例中，英文原文是一个被动句，直译的话就是"被国家奥委会承认并作为国家奥委会的会员被接收。"而译文将其转化为主动句"全国单项体育协会要取得国家奥委会的承认并被该国家奥委会接收为会员。"不同的民族，文化不同，中文重形象，英文重逻辑。于是两种不同的文化催生了不同语言美的形式："语言的形象美、对称美和语言的逻辑美"[27]。在中文中，常常采用树干法的方式陈述句子，首先将主语摆在最前面，然后是一些简单的修饰词或修饰句。西方人更注重逻辑思维，表达的句式常常富有逻辑。这是两种语言的不同之处。语态转换属于转换法，"目的是使译文符合目标语的表达方式、语言习惯，保证译文的通顺流畅，避免出现生涩艰深的情况使读者产生理解障碍"[28]。运用转换法归化成目的语读者易于接受的语言习惯，在一定程度上满足了读者的期待视野。

4.3 顺应目的语读者文化认知心理

翻译不仅是语言之间的交流，更是文化间的交流。安德烈·勒菲弗尔（Andre Lefevere）认为，翻译无法脱离文化独立进行，需要从文化的角度来看到翻译研究问题[29]。跨文化的翻译有其重要意义，禹逸群和张娅在文章中明确指出："跨文化翻译和传播不再是一个纯语言的转换过程，而是译出语与译入语国家文化审美观与价值观的传播、交流与接受的碰撞"[30]。 译者阅读作品后，了解和学习译出语的背后的文化背景，再转换成译入语文化的语言载体，实现了"视域融合"、"文本召唤"的步骤。此时译者身上实现了译者和读者双重身份的转换。而作为读者，需要译者的帮助，照顾到目的语读者文化认知心理，从而减小审美距离，满足期待视野。

例 5.

原文：It reaches its peak with the bringing together of the athletes of the world at the great sport festival, the Olympic Games.

译文：其最高层次的活动是使世界上的运动员在盛大的体育节，即在奥林匹克运动会上相聚一堂。

在上例中，该句出自《奥林匹克宪章》的基本原则的这一部分。原文中的"together"意为"在一起、到一起、关系密切、一致、同时、连续的。"该词在英语中出现频繁，是一个较为简单的词汇。但在译文中，将其翻译为"相聚一堂"，赋予了它感情色彩，符合奥林匹克精神的"和平、团结"的核心内容。在中国传统文化中，强调家人、朋友之间的感情，如果只用"在奥林匹克运动会上一起"便不能突出中国文化的内涵，且出现翻译腔的问题，表达不够清楚。

例 6.

原文：The Olympic symbol represents the union of the five continents and the meeting of the athletes from throughout the world at the Olympic Games.

译文：奥林匹克标志代表五大洲的团结和全世界的运动员在奥林匹克运动会上相聚一堂。

在上例中，该句出自介绍奥林匹克标志的部分。奥林匹克的标志有其特殊含义：五环代表了五大洲的紧密相连、友爱互助。中国文化历史悠久，词汇含义丰富，一个意思可以有多重不同程度的表达。原文中"union"的意思为"协会、联盟、结合、结为夫妻、婚姻"等多个意思，但在英文中常常用来表示"联盟"。在中国传统中有繁多的节日，大多为了家人团聚。中国人重视人与人之间的情谊，看重集体之间的利益和团结互助。作者将原文中的"union"译为"团结"是对目的语读者文化认知的顺应，符合了国人的文化习俗，易于被读者接受。

5 结 论

《奥林匹克宪章》是国家奥委会对奥林匹克主义的基本原则、规则和附则的汇编。国际奥委会、国际联合会、国家奥委会以及奥运会组织委员会都必须遵守奥林匹克宪章的规定。自中文译本的《奥林匹克宪章》出版以来，为北京奥运会申奥成功奠定了基础，有着其特殊的意义。本文从姚斯的接受美学理论出发，以"期待视野"为落脚点，对中译本的《奥林匹克宪章》做出研究。经研究发现：1、《奥林匹克宪章》作为体育文献文本，具有准确性的特征，译者在翻译的同时，也需要遵循准确、真实的特点；2、接受美学理论以读者为中心，强调读者在作品中的主体地位，译者翻译的译本需要发挥主观能动性，从而满足读者的定向期待。那么这就需要译者准确的使用体育文献中的专业名词；符合目的语读者语言习惯；顺应读者文化心理认知。此外，译者需要充分考虑到目的语读者的重要作用，尽量使用归化的翻译策略，提升读者的阅读兴趣，减少读者和原作者之间的审美距离，避免翻译腔的出现。

体育具有全民性，随着奥运会的发展，体育文献不再只局限于专业人士，任何爱好奥林匹克主义的读者都可以接触。但由于他们自身不具备丰富的专业知识背景，因此在译者进行翻译的时候，需要充分考虑到这一群体，以提升文献的传播度。这就需要译者：1、加入易于理解的图示。人们在接受知识的时候对图示的敏感度要远高于文字，图示也便于读者的理解。尤其是一些难以用语言解释的词汇，用图示的方式进行展示效果更佳，同时读者记忆更加深刻。2、对一些重点内容进行批注解释。专业的体育文献难免出现晦涩难懂的部分，译者较之读者其知识广度更深，加入批注解释后便于读者的阅读，也为读者扫清了阅读障碍，提升阅读的流畅性。不过既然是难点部分，鲜有人了解，译者需在充分查阅相关文献资料后，保证解释的准确性，以免误导读者。

参考文献

[1] 郭晴,卢兴,赵琬莹,宋娜.观念的建构：奥林匹克在中国的传播[J].武汉体育学院学报,2022,56(02):27-35+78.

[2] Stoyanova D I. The Olympic Management during the Era of Juan Antonio Samaranch[D]. University of Peloponnese, 2012.

[3] 丁玉兰,古柏.全面认识和理解奥林匹克运动——解读《奥林匹克宪章》[J].成都体育学院学报,2005,(05):32-35.

[4] Holub, R. Reception Theory: A Critical Introduction[M]. London and New York: Methuen, Inc,1984.

[5] 何云清,李文戈.接受美学理论发展研究[J].边疆经济与文化,2018,(06):104-105.

[6] Jauss，H. R. Toward an Aesthetic of Reception[M]. Minneapolis: University of Minnesota Press，1982.

[7] 徐俊俊.接受美学视角下外国文学作品的汉译研究[J].赤峰学院学报(汉文哲学社会科学版),2022,43(08):37-40.

[8] 李庆明,于莎莎.论接受美学翻译观[J].山西农业大学学报(社会科学版),2014,13(02):179-184.

[9] 牛苗苗.接受美学视角下评析元散曲翻译——以《天净沙·秋》英译本为例[J].今古文创,2023,(04):99-101.

[10] Newton, K.M (ed.) Twentieth-century Literary Theory[M]. London: Machmillian Education LTD,1997.

[11] Newmark P. A Textbook of Translation [M]. 上海：上海外语教育出版社, 2005.

[12] 桂田.浅议纽马克的翻译文本观[J].牡丹江教育学院学报,2011(05):42-43.

[13] 罗永洲.体育文本的类型与翻译探析[J].中国翻译,2012,33(04):104-107.

[14] 卢振南.俄文体育文献翻译的几个问题[J].武汉体育学院学报,1984,(02):71-75.

[15] 张燕.略论体育文献翻译者的素养[J].校园英语,2019,(51):238-239.

[16] 王伟.图式理论指导下的体育文献翻译研究[J].当代体育科技,2019,9(01):2-3.

[17] Mestre A. The legal basis of the Olympic Charter[J]. The international sports law journal, 2008 (1-2): 100-102.

[18] 熊斗寅.新版《奥林匹克宪章》解读[J].体育文化导刊,2004,(02):32-35.

[19] 任卫东.西方文论关键词：接受美学[J].外国文学,2022,(04):108-118.

[20] 赵瑞芳.接受美学视角下《瓦尔登湖》汉译研究[J].大学,2021,(33):55-57.

[21] 李继阳.目的论视域下体育评论词翻译策略分析[J].体育视野,2022,(22):5-7.

[22] 刘明,杨奕泽,寇艺培,王博.体育英语翻译：阐释与理论建构[J].河北体育学院学报,2022,36(04):53-58.

[23] 刘军平编著.西方翻译理论通史[M].武汉：武汉大学出版社, 2009.09.

[24] 郭建中.翻译中的文化因素:异化与归化[J].外国语(上海外国语大学学报),1998,(02):13-20.

[25] 蔡平.翻译方法应以归化为主[J].中国翻译,2002,(05):41-43.

[26] 丛海燕.接受美学视角下西方文化悬疑小说汉译研究——以《失落的秘符》汉译本为例[J].牡丹江教育学院学报.2015,(06):21-22+36.

[27] 曹英华.接受美学与文学翻译中的读者关照[J].内蒙古大学学报(人文社会科学版),2003,(05):100-104.

[28] 郭菲.接受美学视角下俄罗斯儿童文学的汉译策略[D].辽宁大学.2020.

[29] 向欧琼.接受美学视角下《都柏林人》汉译本中译者的主体性研究[J].汉字文化,2022,(24):153-155.

[30] 禹逸群,张娅.从接受美学视角看英语商标汉译中的读者关照[J].才智,2011,(02):206-207.

The Research on the English-Chinese Translation of *Olympic Charter* from the Perspective of Reception Aesthetics

Abstract

The first *Olympic Charter* was proposed and drafted by the founder of the Olympic movement, French educator Pierre de Coubertin (1863-1937), and was officially adopted and applied at the Paris International Sports Conference in June 1894. Its birth has played an important guiding role in developing the Olympic movement. As China participates more in the international sports community, the Chinese Olympic Committee has always followed the principles and spirit of the *Olympic Charter*. At the same time, it also published the Chinese version of the 1991 *Olympic Charter*, allowing more people to understand the Olympic movement and promoting development. Based on the English and Chinese versions of the *Olympic Charter*, and guided by the reception aesthetics theory by Jauss, a representative figure of the German Constantine School, from the perspective of reader expectations, this study uses literature review and logical analysis methods to analyze the translation of professional terms, language habits, and cultural cognitive psychology. Research suggests that as translators, it is necessary to consider the subjective initiative of readers when translating, allowing them to participate in sports texts with their own knowledge background and understanding competence. Therefore, when translating, the translator should fully consider the reader's expectations from the perspectives of professional terminology, language habits, and cultural cognitive psychology. Finally, in order to maximize the effectiveness of sports literature, the article proposes two points for attention when translating sports texts, in order to provide theoretical significance for sports translation.

Keywords: reception aesthetics; *Olympic Charter*; translation

后疫情时代下民族传统体育国际传播的契机和策略研究

陈 忱[1]，张莺凡[2]
1,2 成都体育外国语学院，四川成都，610041

摘 要：进入 21 世纪以来，国家高度重视民族传统体育，并鼓励支持优秀传统项目的整理、保护和创新。在"一带一路"倡议的支持下，民族传统体育成为中外文明交流的重要组成部分。疫情期间，中国民族传统体育在保护人们身体健康中展现出独特优势，引起国际广泛关注，为其国际化提供了契机。在后疫情时代，人们更注重健康，而民族传统体育有助于强身健体，为其国际传播提供有利机遇。据此，本文以后疫情时代中国民族传统体育的国际传播现状和机遇为切入点，旨在探讨民族体育的国际传播路径与策略。通过深入研究民族传统体育在国际舞台上的表现和影响，为其走向世界提供有效的策略和路径规划，进一步推动中华优秀传统体育文化的国际传播，为世界各国带来健康、活力和共融。

关键词：后疫情时代；民族传统体育；国际传播

1 引 言

在《中华人民共和国国民经济和社会发展第十四个五年规划和 2035 年远景目标纲要》中，明确指出了发展社会主义先进文化和增强国家文化软实力作为关键的战略目标[1]。 提出这一目标意味着中国政府将持续保持马克思主义在意识形态领域的主导地位，加强文化自信，引导文化建设以社会主义核心价值观为导向，从而推进社会主义文化强国的建设。同时，各级领导在多个场合都强调了加强顶层设计的重要性，以构建具有鲜明中国特色的战略传播体系，目的是提升国际传播的影响力，这充分展示了中国政府在强化文化建设和提高国家文化软实力方面的坚定意志和持续不断的努力。

2 我国民族传统体育国际传播现状

在建设体育强国的背景下，政府不断鼓励我国民族传统体育项目走出去，近年来也取得了丰硕的成果。但我国的传统民族但就传播的深度和质量而言，中国民族传统体育的国际推广还停留在表面，并没有真正实现其走向世界的愿景[2]。

2.1 民间传播者热情度高涨、有组织的传播力度不够

传播者是指那些主动通过发送信息来影响他人行为的人，也就是传播行为的引导者。信息的传播者在决定信息的质量、数量、流通和方向上发挥着至关重要的角色，并对整个民族的传统体育在全球范围内的传播活动产生了决定性的影响[3]。在民族传统体育的国际传播中，传播者扮演着至关重要的角色，他们是推动文化交流、促进理解和传承民族传统体育的引领者，为世界带来了丰富多彩的体育文化盛宴。我国拥有丰富而优秀的文化资源，但对外传播工作却存在诸多问题。作为社会的核心力量他们肩负着推广中华文化和精神的重任。他们具有深厚的历史文化知识背景和较高的外语水平，是优秀的传播者。但

---

[1] 第一作者简介：陈忱（2001-），女，四川人，在读硕士研究生，研究方向：体育翻译，Email：1541119185@qq.com。
[2] 通讯作者简介：张莺凡（1977-），女，副教授，硕士生导师，研究方向：体育翻译。

是，由于他们在民族传统体育的专业理论知识和外语技能上的不足，他们在国际传播领域遭遇了一些困难。另外，由于保守的思想观念、过分重视技术而忽视理论的传播模式，以及语言上的障碍，他们在向全球系统全面展示民族传统体育方面的能力受到了限制。民族传统体育的国际传播过程中，民间团体也起到了不可或缺的作用。他们通过组织研讨会、比赛活动或在海外建立会馆进行直接教育，积极促进民族传统体育在国际上的传播。此外，一些民间社团还利用各种媒介宣传民族传统体育文化，如出版刊物、组织展览、举行比赛和培训师资。这类活动在提高全球对民族传统体育认知方面发挥了正面影响。一些有组织的单位通过培训课程、国际邀请赛和派遣援助海外的专家等多种手段来宣传和推广民族的传统体育活动。民间力量则借助各种媒介与西方媒体合作传播。尽管如此，其传播的深度和广度仍需进一步增强。此外，由于力量有限，宣传手段单一，导致在跨文化交际中存在着许多困难[2]。举个例子，武术代表访问团是推广民族传统体育的重要方式之一。然而，他们并没与观众进行充分的交流，无法充分展示中华民族传统文化的独特韵味，也没有观众亲自实操的机会，这就影响了民族传统体育在国际上的传播效果。

2.2 受众群体有浓厚的兴趣，但缺乏正确的引导

受众指的是讯息的接收者和反应者、传播者作用的对象[3]。 他们在民族传统体育国际传播过程中起着关键的作用，通过接收、解读和回应信息，决定了传播效果和影响力。在国际传播过程中，外籍友人对中国的民族传统体育文化展现出了强烈的兴趣，甚至国外一些知名健身博主开始推广诸如八段锦之内的中国民族传统体育健身活动，并希望能够主动地与之交流和学习。我国拥有丰富而优秀的文化资源，但对外传播工作却存在诸多问题。但是，鉴于国际传播的目标群体具有各自独特的文化和体育观念，这导致了民族传统体育在国际传播中难以创造一个"共同的意义空间"，进而造成了文化上的巨大损失[4]。因此，如何有效实现民族传统体育在国际舞台上的价值认同是值得研究的课题之一。中国的传统民族体育在国际上的传播既遭遇了考验也碰到了机会。为此，应采取积极措施，促进民族传统体育的海外传播，增强其吸引力与影响力。从一方面看，中国的传统民族体育在国际传播过程中，应当深入理解并尊重中西体育的价值观差异，这样才能更好地适应不同文化背景下的观众心态。另一方面，也需要积极借鉴西方文化的传播方式和媒介，以创新的手段来提升传播效果，从而满足各种层面的受众需求。

2.3 传播形式及内容过于单一

传播行为的内容是承载传递者和接受者之间社会互动的媒介，通过内容的交流，实现信息的传递和达成互动的目的[3]。民族传统体育传播内容的选择、呈现方式和效果影响着社会中的信息交流和互动效果。作为社会互动的关键渠道，传统体育项目承载了丰富的文化遗产和历史沉淀。这批项目是在独特的民族文化环境中诞生的，经过历史的筛选和保留，逐渐展现出鲜明的民族特色和风格。基于其历史演变和功能特性，它可以被粗略地划分为"休闲娱乐类""技击壮力类"以及"养生健身类"这三个主要类别[5]。中国的民族传统体育在国际上的传播的内容主要集中在少林功夫、八卦掌、舞狮、龙舟、太极拳、气功、和舞蹈等方面，常常过分强调其技击性，却忽视了健身养生、修身养性、防身自卫、审美性等多方面的价值，这导致了中国传统文化的作用未能得到充分的发挥。

2.4 传播渠道开发利用有限

传播渠道是信息传递或接受及受众信息反馈过程中的载体和中介[3]。在民族传统体育传播过程中，通过不同的传播渠道，信息可以有效地传达给受众，并且受众也可以通过渠道进行反馈和互动。传播渠

道的选择和运用对于传播效果和影响力具有重要影响。在中国，民族传统体育的国际传播主要通过三个途径：首先是积极将民族传统体育项目纳入奥运会的正式比赛，其次是通过一些组织，在海外大力推广我国的民族传统文化，最后是通过影视作品巧妙地融入民族传统体育的元素[8]。民族传统体育一直在努力提升竞技武术套路的内容和完善竞赛规则，希望通过争取进入奥运会来实现国际传播。然而，由于奥运会主要展示西方的竞技运动项目，导致民族传统体育项目未能成功进入 2008 年北京奥运会，并且在改造过程中其文化内涵逐渐受到影响。孔子学院作为学习和深入了解中国民族传统体育文化的关键场所，在全球范围内备受人们关注，尤其是挪威卑尔根孔子学院。该学院以中国武术为教学特色，提供太极拳、少年拳以及中医养生等多个课程。尽管教授式的集体传播策略在一定程度上有助于广泛传播民族传统体育文化，但受众目标有限，其影响力也存在局限性，因此未能达到预期效果。

3 后疫情时代下民族传统体育国际传播的契机

3.1 居家锻炼为民族传统体育国际传播提供可能性

在新冠疫情期间，居家锻炼为民族传统体育的国际传播提供了难得的机遇。随着人们居家隔离，健身活动从传统的室外锻炼转向了在线健身，这种空间转变为传统体育项目的发展开辟了新的可能性[8]。一些传统体育项目的动作简单易学，且在室内也能完成，通过一段时间的练习，可以获得良好的健身效果，如健身气功、太极拳、八段锦等等。由于这些传统体育项目的适应性和容易上手性，它们吸引了世界各国以及各个年龄阶段的人们，提升了其国际吸引力，为传统体育的国际传播带来了机遇。人们通过线上平台学习和分享民族传统体育，加强了国际间的交流与互动，使得传统体育项目在全球范围内得到更广泛的关注和认可。因此，居家锻炼不仅有助于人们保持健康，也为民族传统体育走向世界提供了全新的发展机遇。我们可以进一步推广这些传统体育项目的在线教学和练习，加强国际间的交流合作，以此促进民族传统体育的国际传播，让更多人了解和享受到传统体育所带来的健康和文化益处。

3.2 全民健身的氛围高涨为民族传统体育的国际传播提供可行性

全民健身的氛围日益高涨，为民族传统体育项目的国际传播提供了有力助力。在后疫情时代，全球各国的人们更加关注健康，他们对体育锻炼和身体健康的需求变得愈发旺盛，并且对体育锻炼有了更深入的认识。民族传统体育项目既能满足健身需求又符合现代健身模式。很多民族传统体育项目具有简便、经济、省时、有效等特点，最适合工作忙，时间紧的年轻人、上班族以及学生这类人群。这些传统体育项目不受场地限制，可以随时随地进行，非常符合现代社会对于便捷、高效的健身需求。这种便利性和实用性使得民族传统体育项目在全球范围内获得了越来越多的关注和认可。因此，全民健身的热潮不仅推动了中国民族传统体育项目的发展，也为其走向国际市场带来了新的机遇。我们应当加强对民族传统体育项目的挖掘、传承和宣传，促进其更广泛地为全球人民所接受和喜爱。通过全球范围内的交流与合作，可以进一步推动民族传统体育项目在国际舞台上的传播和发展，让更多人受益于这些源远流长的体育文化遗产。

3.3 多元化的传播平台为民族传统体育项目的国际传播提供可操作性

多元化的传播平台为我国民族传统体育项目的国际传播提供了重要的路径和支持。随着现代医学方法的不断论证，大家已经意识到了民族传统体育项目在抗击疫情中所起到的积极影响。许多大学和传统

体育组织都记录并分享了健身气功、太极拳等内容以及长拳的视频，并在线指导群众进行居家体育锻炼。这些视频通过 YouTube、Google、Facebook、Twitter 以及 TikTok 等国际传播平台被广泛转载和传播。根据《后疫情时代的体育内容消费趋势与营销策略报告》的数据，2020 年疫情期间的 2 月和 3 月，短视频平台上关于运动健身的视频在全网的播放量已经超越了 40 亿。同时，各大著名的运动健身 App 平台在疫情期间的用户数量也呈现出倍数增长的态势，其中最高的平台用户数量甚至已经突破了 1 亿大关[7]。这些数据充分表明，在疫情期间，人们对健身和运动类内容的需求急剧增加，而民族传统体育项目正好满足了这一需求。因此，多元化的传播平台对于我国民族传统体育项目走向世界具有着重要的意义。通过这些传播平台，民族传统体育项目得以跨越语言和地域的限制，向全球观众展示其独特魅力，并吸引更多外国人士学习和参与。同时，这也为中国的民族传统体育项目在国际舞台上树立良好形象提供了有力支持，促进了中华传统文化的国际交流和传播。因此，我们应当进一步加强对民族传统体育项目在国际传播上的推广和利用，以实现其向世界输出的目标。

4 后疫情时代下民族传统体育国际传播的传播策略

新冠疫情下，民族传统体育的国际传播出现了新机遇。在这样的机遇下，应把握好时机，创新传播模式和路径等，提升中国民族传统体育向国际社会的传播深度与广度。基于此，提出了一些可行性对策，以期为促进民族传统体育更好地走向世界提供参考。

4.1 有目的有组织地发展民族传统体育优势项目

有目的有组织地发展民族传统体育优势项目是非常重要的，因为民族传统体育涵盖了大量项目，所以需要有选择地进行推广。针对那些具有影响力、安全性、易学性，并能够满足当代人需求并具备较强生命力的优势项目，我们应该给予优先推广，同时要有组织的进行推广[8]。在疫情期间备受欢迎的武术、太极拳和健身气功等项目就是其中的典型代表。这些项目不仅具有深厚的文化内涵，而且在保健方面具有显著作用。例如，太极拳以其缓慢、连贯的动作对身体进行锻炼，有助于增强平衡感和灵活性，同时也对心理健康产生积极影响。健身气功则通过特定的呼吸法和动作来调节身心，促进健康。这些项目在当今社会备受追捧，因为人们对健康和身心平衡的关注日益增加。因此，我们可以通过多元化的传播平台，拓宽传播渠道，有目的有组织地将这些优势项目的内容进行全方位的展示和传播，以便让更多的人了解并学习到这些有益身心的传统体育项目。同时，可以通过线上线下的培训和指导，帮助更多人掌握这些技巧，从而促进这些优势项目的传承和发展。通过这样的推广，我们可以让更多的人受益于民族传统体育项目所带来的健康和快乐，同时也有利于传统文化的传承和创新发展。

4.2 培养民族传统体育在国际间传播的创新型人才

在当前全球化和文化多样化的背景下，培养民族传统体育国际传播的创新型人才显得尤为重要。因为只有有着专业素养、创新意识和能力的团队，才能更好地引导受众群体学习，激发他们学习的兴趣。这样才能更好地完成民族体育国际传播任务。高素质民族体育传播人才，对推动中国民族传统体育项目向世界传播起着决定作用[9]。为了实现这个目标，各大高校应当承担起培养民族传统体育国际传播人才的重要责任。首先，高校有必要对已有民族传统体育人才培养方案进行再审视。基于国家战略与社会需求的课程教学改革与多元化人才培养、复合型民族传统体育传播人才是提高民族传统体育传播人才素质的目标。这包括不仅注重学生对传统技能的学习，还应该培养他们的国际视野、跨文化沟通能力和创新意

识，使其具备在国际舞台上传播民族传统体育的能力和自信心。其次，高校需要结合新媒体技术和现代信息技术，使民族传统体育的国际化传播更加有效。通过运用现代信息技术，比如在线课程、虚拟实验室和数字化资源等，可以让学生更好地接触和理解国际体育传播的最新趋势和技术手段，从而提升他们的国际竞争力。此外，还可以通过国际交流项目、学术研讨会等方式，为学生提供更多实践机会和国际视野，加强他们的交流能力和跨文化交际技巧[10]。总的来说，通过高校的努力，我们可以培养出更多高素质、富有创新意识和能力的民族传统体育国际传播人才，为我国民族传统体育事业在国际舞台上的发展做出积极的贡献。

4.3 提升民族传统体育传播的内容品质

提升民族传统体育传播的内容品质，特别是在国际传播方面，确实需要进行更多的深入思考和努力。首先，我们需要重视"差异化"传播，因此在传播民族传统体育项目时，要充分了解目标国家的文化、民风民俗、宗教信仰、语言习惯等方面的特点，以便有针对性地进行传播[11]。这种差异化传播并不是简单地将自己的民族传统体育项目搬到国外，而是根据当地文化特点进行定制化的传播，以更好地融入当地社会，增强接受度。其次，在提升传播深度的过程中，我们也应该重视民族传统体育的民族性特点。这就需要深入挖掘民族传统体育项目背后的文化内涵，强调其与特定民族文化和历史传统的紧密联系，使其在国际传播中具有独特的文化吸引力。同时，要注重传统性与主体性的平衡，即在传承传统的基础上，借助现代化手段对民族传统体育进行有益的现代化改造，使其更符合当代人的审美和健康需求，从而增强其国际传播的现代感和吸引力。此外，为了提高民族传统体育的传播深度，我们还需要注重故事性、情感性和参与性。通过讲述民族传统体育项目背后的故事，表达其中蕴含的情感和文化价值，吸引更多人关注和参与。可以借助当代艺术表现形式，如影视作品、音乐舞蹈等，将民族传统体育与当代生活场景相结合，让更多人产生共鸣和情感连接。[12] 总之，提升民族传统体育传播的内容品质需要全面深入的思考和探索，需要结合当地文化特点，强调民族性和现代性的平衡发展，注重故事性和情感性，从而实现民族传统体育在国际传播中的深度和广度的全面提升。

5 结 论

中国拥有丰富的民族传统体育文化资源，这些资源构成了中华民族卓越传统文化的核心部分。随着经济全球化进程加快和信息技术飞速发展，民族传统体育项目的传播方式也发生着重大变化，逐渐向现代化迈进。在后疫情的背景下，全球对于健康、保健以及传统文化的关心和需求持续上升，这为民族传统体育文化在国际上的传播创造了难得的机会。我们必须深刻理解这个机会的价值，并通过主动的尝试和采纳合适且高效的国际传播手段，增强民族传统体育文化在全球的影响力，助推其向更好的方向发展。

参考文献

[1] 中华人民共和国国民经济和社会发展第十四个五年规划和 2035 年远景目标纲要(下)[R].北京:国务院办公厅,2021.

[2] 王巾轩.基于孔子学院的我国民族传统体育国际传播路径研究[J].体育文化导刊,2019(09):50-54+66.

[3] 郭庆光.传播学教程[M]. 北京:中国人民大学出版社,2007:58- 59.

[4] 王鼎,廖萍.我国民族传统体育国际传播的现状[J].当代体育科技,2014,4(07):

[5] 罗郁然,王庆军."互联网+"背景下我国民族传统体育的传播现状[J].山东体育科技,2018,40(03):

[6] 付鸿,冯晓辉,郭珂吟.后疫情时代下民族传统体育国际化传播的困境与策略研究[C]//国家体育总局体育文化发展中心,中国体育科学学会体育史分会.沈阳体育学院,2022:

[7] 牛雪莹,张峻玮.后奥运时代民族传统体育国际传播之契机与策略[C]//国家体育总局体育文化发展中心,中国体育科学学会体育史分会.河南大学,2022:

[8] 陈靖,陈保兄.一带一路背景下我国民族传统体育国际传播的研究[J].当代体育科技,2019,9(25):

[9] 史友宽.体育文化国际传播的实践考察与理念创新[J].体育科学,2013,33(05):

[10] 王壹伦,曹庆雷.我国优秀传统体育文化对外传播能力建设研究[J].体育文化导刊,2023(04):34-40+48.

[11] 赵建强,张晶杰,权黎明等."一带一路"视阈下民族传统体育传播的困境与疏解——基于跨文化传播[J].武术研究,2020,5(04):

[12] 段晓昱.中国式现代化进程中民族传统体育话语体系构建研究[J].沈阳体育学院学报,2023,42(05):137-144.

A Study on the Opportunities and Strategies for the International Dissemination of Traditional Sports in the Post-COVID-19 Era

Abstract

China places great importance on the preservation, protection, and innovation of its rich traditional sports. It actively encourages and supports the development of national traditional sports, recognizing their significance in cultural exchanges within the framework of "Belt and Road" initiative. The global attention garnered by traditional Chinese sports during the pandemic, owing to their unique ability to promote physical well-being, has opened up new avenues for internationalization. In the post-pandemic era, with an increased emphasis on health, traditional national sports have emerged as a favorable means of enhancing physical fitness and, consequently, offer promising prospects for global dissemination. This article aims to delve into the current status and opportunities for the international promotion of Chinese traditional sports in the post-pandemic era. By conducting extensive research on their performance and influence on the global stage, it seeks to present effective strategies and pathways for their internationalization, thereby further advancing the worldwide dissemination of China's exceptional traditional sports culture and contributing to the well-being, dynamism, and inclusiveness of nations across the globe.

Keywords: post-epidemic era; national traditional sports; international dissemination

基于 5W 模式的杭州亚运会跨文化传播：使命、困境与实践

万子豪[1]，王夏青[2]，李凌姝[3]
1.上海外国语大学 体育教学部 上海 201620；
2.上海外国语大学 全球治理与区域国别研究院 上海 201620

摘 要：杭州亚运会为中华体育文化走向世界提供了重要契机，也引发了人们对跨文化传播的热议与关注。本文从亚运会跨文化传播的历史使命出发，运用传播学中哈罗德·拉斯韦尔的"5W"理论，分别从传播主体、传播内容、传播渠道、传播对象和传播效果五个方面对杭州亚运会跨文化传播进行深入分析，发现其中存在传播主体文化传播能力参差、中西文化融合不够、信息传递失真、受众群体分散、赛后媒介记忆淡化的问题，并提出要进一步构建传播主体网络、结合中西文化交融、拓宽多元化传播渠道、定制差异化传播策略、多维度评估传播效果的措施，旨在为亚运会体育跨文化传播提供有益的参考和借鉴。

关键词：杭州亚运会；体育跨文化传播；5W 理论

1 引 言

杭州亚运会是在党的二十大胜利召开后，我国举办的规模最大、水平最高的国际体育赛事，也是亚洲最具影响力的综合性体育盛会。在开幕式上，习近平总书记强调，亚运会要以体育促和平，坚持与邻为善和互利共赢，抵制冷战思维和阵营对抗，将亚洲打造成世界和平的稳定锚[1]。在世界百年变局加速演进的时代背景下，杭州亚运会秉承以团结促和平、促发展的宗旨，搭建起了跨文化传播的重要桥梁。通过杭州亚运会跨文化传播，让不同文化背景的人们相互理解、认同和尊重中华体育文化，是提升我国文化软实力的必经之路，也是一种构建人类命运共同体的重要途径。

但是，在实践中，亚运会文化传播仍存在多重困境。单凯、黄斐凡（2021）围绕良渚文化，分析出杭州亚运传播存在文化折扣效应，导致其传播影响力减弱，甚至会遭到受众群体的抵制[2]；刘蕴萱（2023）以亚运会吉祥物为切口，指出其文化传播过程中存在文化中时间取向的冲突以及个人本位与群体取向的差异等困境[3]；颜歆窈（2023）以中国及城市形象为研究中心，认为杭州亚运会的国际传播存在故事性不足、仍受限于语言隔阂、缺少国际传播人才等问题[4]。因而，全面认识并分析当下亚运会跨文化传播存在的问题与困境，并提供合适有效的解决方法与策略，是中华体育文化走出去的必经之路。

本文以哈罗德·拉斯韦尔的"5W"模式为理论基础，探讨了杭州亚运会跨文化传播的历史使命与现实困境，并从传播主体、传播内容、传播渠道、传播对象和传播效果五个维度提出了相应的策略实践。

2 推动亚运会跨文化传播的历史使命

基金项目：上海外国语大学第五届"导师学术引领计划"基金项目（2022113031）。
[1] 第一作者简介：万子豪（2001-），男，在读硕士研究生，研究方向：全球体育教育研究、学校体育，E-mail：0233100647@shisu.edu.cn。
[2] 通讯作者简介：李凌姝（1985-），女，副教授，教育学博士，硕士生导师，研究方向：体育课程与教学、体育学习与身心健康等。

2.1 展魅力：传播中国文化讲好中国故事

博大精深的中华文明，传承悠久文化传统。中华体育文化是中华民族创造的宝贵体育财富，它是我国文化自信的底气来源，也是国际影响力、文化软实力和社会文明程度的重要体现[5]。中华体育文化不仅包含了丰富多彩的民族体育项目，如蹴鞠、搏克、武术等，也融合了现代体育运动的精神和价值，如奥林匹克运动、残奥运动、青奥运动等。作为中国体育文化的生动实践，杭州亚运会以其独特的魅力和内涵，吸引了世界各国人民的关注参与，成为传播中国文化、讲好中国故事的重要载体和平台。通过杭州亚运会跨文化传播，讲述中国的发展故事，增进世界对中国的了解和认知，是一种责任，也是一种必要性。

2.2 促交流：推动亚洲文明的对话与合作

绚丽多彩的文化风采，推动互学互鉴共识。《"十四五"体育发展规划》指出，要深化中华体育文化的国际传播，加强与国际组织、国家和地区的体育文化交流合作，推动中华体育文化走向世界，提升中华体育文化的国际影响力[6]。亚洲是世界上最大、最多元、最具活力的大陆，拥有悠久而灿烂的文明历史。亚洲各国人民在长期的交流互鉴中，形成了共同的价值理念，为世界文明发展做出了重要贡献。本次杭州亚运会是体现亚洲体育文化的重要"窗口"，展示了亚洲体育水平和精神风貌，也促进了亚洲文明对话与合作。通过亚运会传播亚洲文化，是向世界展现中国的发展观、治理观和生态观，彰显中国的责任与担当的重要举措。

2.3 传精神：反映普世价值共铸人类命运共同体

崇高博爱的体育精神，促进和平发展理念。习近平总书记在党的十八大以来多次强调，要弘扬"中国精神"和"中华文化"[7]。这是中华民族伟大复兴的精神力量和文化底蕴。要实现中华民族伟大复兴的中国梦，必须弘扬"中国精神"，传承和创新中华文化，让中华文化焕发出新的光彩和活力。在中国舞台上，全民健身运动蓬勃发展，广大人民群众享受了体育带来的快乐、健康和自信，为中国梦注入了新的活力和动力；在国际舞台上，中国体育人以出色的表现、优良的风度、高尚的品格，展现了中国的形象、传递了中国的声音、赢得了世界的尊重。中国体育发展的最终目标是在实现体育强国愿景下承担体育国际责任，并构建体育领域的人类命运共同体。而杭州亚运会"心心相融，向未来"这一理念高度契合人类命运共同体的价值目标，以杭州亚运会为契机，通过文化传播让国内外群体认识、理解和接受这种价值，有利于更好地构建人类命运共同体。

2.4 提实力：树立体育强国形象彰显国际影响

开放包容的中国形象，增加全球认同效果。中华体育精神传承了中华民族的精气神，展现了中华民族的向心力，融合了时代精神和爱国精神，为社会主义精神文明建设提供了价值指引，为中华民族伟大复兴激发了精神动力和民族自信[8]。中华体育文化是一种兼收并蓄的文化，能够增加全球认同效果。利用亚运会传播中华体育文化，有利于展现中国作为一个负责任、有担当、有作为的大国形象，提升中国在国际社会中的影响力和话语权，增强中国与世界各国的友好交流和合作关系。因此在新时代背景下，以杭州亚运会为桥梁，推动体育跨文化传播，提升中华体育文化的开放包容性和国际声望，是符合中国特色社会主义事业发展要求的重要举措，也是展现中国作为一个负责任大国形象的有效途径。

3 拉斯韦尔 5W 模式在体育跨文化传播中的应用

3.1 拉斯韦尔 5W 模式的内涵

美国传播学家哈罗德·拉斯韦尔（Harold Lasswell）在 1948 年发表的《传播在社会中的结构与功能》一文中，首次用模型的方式分析了人类社会的传播活动。他提出了构成传播过程的五个基本要素，并按一定的顺序排列，形成了著名的 5W 模式：谁（Who）→说什么（Says What）→通过什么渠道（In Which Channel）→对谁（To whom）→取得什么效果（With what effects）[9]。这一模式也确定了传播学研究的基本范式：控制分析、内容分析、媒介分析、受众分析和效果分析。他还指出，传播活动不是一个单向的直线性的过程，而是一个由接受者和反馈信息构成的循环、发展、深化的连续而又完整的过程[10]，因此引入了"反馈"机制。

3.2 拉斯韦尔 5W 模式在体育跨文化传播中的应用

拉斯韦尔 5W 模式所总结的环境监视、关系协调、文化传承三大功能，具有普遍意义，各国人民都可以从中得到某种教益，取之为己所用[11]。在学术领域，它作为分析和解决问题的重要理论工具，得到了学术界的普遍认可。以中国知网学术平台为例，以"5W 模式"为主题共检索到 848 篇相关论文，其中体育方面论文共有 59 篇。崔希等以"一带一路"为背景，从 5W 模式的五个方面分析我国体育文化传播存在的问题并给出对策[12]；刘长娇等从区域国别差异性为切入点，以 5W 模式为基础探究中韩武术传播模式的差异[13]；张琳在拉斯韦尔 5W 的基础上，对武术与电子竞技入奥历程进行剖析，以探索武术入奥的可行性路径[14]。可见在全球视域下，将 5W 模式引入体育跨文化传播领域有重要的理论意义和实践意义。本文将以 5W 模式作为理论框架来分析杭州亚运会跨文化传播的困境，并就困境给出相应的策略与出路。

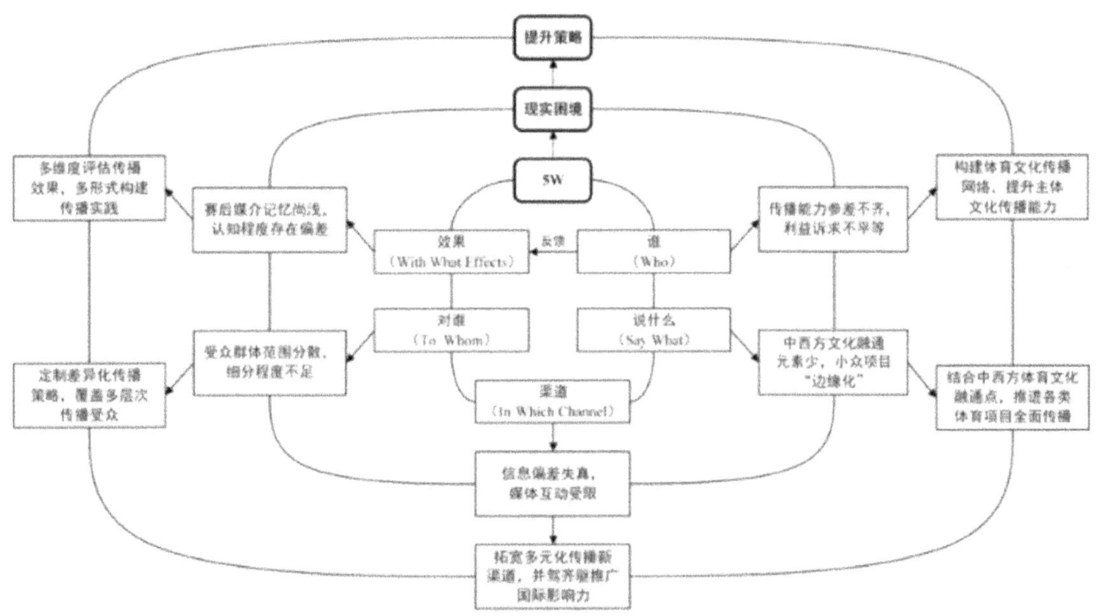

图 1 基于 5W 模式的杭州亚运会跨文化传播策略图

4 5W 模式下杭州亚运会体育跨文化传播的困境

4.1 传播主体—传播能力参差不齐，利益诉求不平等

传播主体是指在信息传播过程中，具有信息生产、加工、储存、流通和传播能力的各种组织和个人[15]，是传播行为的主导者。在杭州亚运会体育跨文化传播过程中，传播主体由不同角色担任，且肩负不同责任。

参赛国家和地区都希望借助亚运会提升自己的国际影响力和声望。然而，由于文化环境、社会背景、习俗和意愿等方面的差异，杭州亚运会的赛事组织方面临着适应与尊重各方需求的挑战，给文化传播带来了障碍和误解。媒体机构需客观、公正地报道亚运会的各项赛事和活动，但也要面对信息量庞大、信息质量参差、信息传播速度快等特点[16]，防止出现错误或失实的报道。

广大公众和运动员在新媒体环境下，既是信息接收者，也是信息生产者。他们可以通过微博、微信、抖音等社交媒体平台，对赛事进行评论分享。他们的传播能力与水平直接、迅速地影响到传播效果。人际传播学中的传播能力理论将该能力定义为：在一个特定的情境下人们选择适当和有效的传播行为的能力，并认为其包括知识、技能和动机三个方面[17]。但公众和运动员传播能力参差不齐，易导致传播效果偏差。例如，在知识和技能方面，他们可能缺乏对体育赛事的专业知识和判断能力，容易受到虚假或负面信息的影响，也可能会传播不符合事实或违反道德的言论，损害体育赛事的公信力和形象；在动机方面，他们也存在不同的价值观和立场，容易引发网络舆论的分歧和对立；也可能受到自身利益或情感的驱动，产生偏见或歧视。

4.2 传播内容—中西文化融通元素少，小众项目"边缘化"

传播内容是传播行为的信息表达，也是传播活动的中心环节和重要组成部分。在跨文化传播中，传播内容应体现不同文化的特色和价值，以及不同受众的需求和期待。杭州亚运会的传播内容涉及赛事信息、文化信息和社会信息，它们在跨文化传播中有不同的广度、深度和层次，也可能造成信息的不广泛、不深入或不完整。

中西方文化由于历史发展轨迹不一、宗教与哲学起源有别、语言和审美心理不同，从而存在不可避免的差异。在亚运会跨文化传播过程中，传播主体过于强调杭州亚运会中西方文化中的差异性和多样性，而忽视了二者之间的共通性与一致性，导致传播内容缺乏创意和吸引力，无法适应不同文化背景的受众的偏好和习惯。例如杭州亚运会吉祥物"江南忆"组合，在中国文化中寓意着"江南水乡的美好记忆"，但在其他文化中可能没有相应的感受或理解。

在亚运会体育项目传播方面，官方赛事信息往往只关注部分热门项目或特色项目，而对于一些较为冷门的项目，如藤球、板球、卡巴迪等，可能宣传不够充分，从而影响了亚运会文化的全面传播。

4.3 传播渠道—信息偏差失真，媒体互动受限

传播渠道是指信息在传播过程中的各种传播手段和方式，是传播内容的载体。传播学中的培养理论认为，传播渠道对人们认识、接受和理解信息发挥着巨大影响，这种影响不是短期的，而是一个长期的、潜移默化的、"培养"的过程[18]。然而，杭州亚运会传播渠道、手段和方式的不完善，在传递信息的过程中容易出现信息的失真、缺失或误解，影响信息的真实性和完整性，会导致受众对杭州亚运会的认知和评价存在偏差或误差。例如，不同的媒体语言和表达方式可能影响信息的准确性和有效性；不同国家和地区的文化差异、法律规范、审查制度等因素可能导致信息的过滤、屏蔽或删除。

其次，传播渠道在与受众进行互动的过程中可能遇到技术、制度或文化等方面的障碍或限制，影响互动的效率和质量。例如，不同媒体平台和社交网络之间存在兼容性、可访问性或安全性等问题[19]；不

同受众群体之间存在语言、习惯或认知等差异；西方一些政府或机构对中国相关媒体或社交网络进行封锁、干扰或监控[20]。例如，杭州亚运会官方微博账号在推特上发布了开幕式无人机表演画面，并邀请受众留言评论或转发分享，增加了受众的互动和参与。但是，由于推特上存在网络延迟、敏感词过滤或账号封禁等问题，这一互动就会受到影响和限制，甚至会引起受众的不满和抵制。

4.4 传播对象—受众群体范围分散，细分程度不足

传播对象是传播渠道的目标或接收者，传统的传播对象理论将其分为个人、群体和大众三种类型。在杭州亚运会的体育跨文化传播中，应该对受众群体进行有效地细分和定位。若没有充分考虑不同受众群体的背景、需求和反馈，而只是简单地将传播对象分为国内受众、国际受众和专业受众。这可能导致传播内容不符合受众的实际情况和期望值，传播效果不理想。例如，杭州亚运会的国际受众中涵盖了不同国家、地区、宗教、年龄、职业等多种因素的差异，这些差异可能影响了受众对杭州亚运会的认知、态度和行为。但是，杭州亚运会在进行跨文化传播时可能没有根据这些差异制定相应的传播策略和方案，也没有及时收集和处理这些差异带来的反馈和建议。其次，没有充分满足不同受众群体的个性化和多样化的需求，而是提供了一些通用或流行的内容。这可能导致传播内容缺乏针对性和吸引力，传播效果不理想。

4.5 传播效果—赛后媒介记忆尚浅，认知程度存在偏差

传播效果包括认知效果、情感效果和行为效果三个方面。在杭州亚运会跨文化传播中，这些效果受到不同文化标准、评价和影响的制约，从而导致信息的不一致、不协调或不平衡。例如，认知效果可能只提高了部分受众对亚运会的知晓度和理解度，而没有转化为对亚运会的评价度和支持度。因此，通过大型国际体育赛事传播建构举办城市形象是一个长期的过程[21]，不仅需要赛前的精心谋划、赛中的共情传播，还需要赛后的媒介记忆，才能持续影响国内外公众对城市的认知、情感和行为。对于举办城市而言，大型国际体育赛事既是塑造形象的"催化剂"，也是维持形象的"稳定剂"。如何在仪式性媒体事件结束后保持其热度、实现长效和短效的互动，是举办城市应当深入探讨的问题。

在亚运会期间，各种媒介渠道进行了广泛的报道和宣传，但赛事结束后，公众对于赛事的记忆往往迅速淡化。这可能导致公众对杭州城市形象缺乏深入的认知，难以形成长期的正面印象。其次，由于信息传递和解读的复杂性，不同文化背景的受众可能会有不同的理解和反应[22]。例如，国际受众可能对亚运会的某些项目或成就感兴趣，而忽略了其他同样重要的方面。这种选择性关注可能导致对杭州亚运会整体形象和成就缺乏全面的认识。跨文化传播应当建立起受众与赛事之间的情感联系，但由于文化差异和信息传播方式的局限性，国际受众可能难以产生与国内受众相同的情感共鸣。这种情感上的隔阂可能影响到亚运会在国际舞台上建立积极形象的能力。理想情况下，有效的传播应该能够激发受众采取积极行动，然而在实际操作中，由于认知和情感效果的不足，受众采取行动的意愿可能并不强烈。

5 基于 5W 模式的杭州亚运会体育跨文化传播策略

5.1 构建体育文化传播网络，提升主体文化传播能力

拉斯韦尔 5W 理论中的传播主体（Who）是推动信息传播和流通的首要因素。杭州亚运会的传播主体由点、线、面三者紧密织成的大网构成。其中，"点"是指赛事组织者和中国政府，主要起着宏观调控和总

体把握的作用，"线"是指广大参赛国家与地区，是传播主体的重要组成部分；"面"是指广大群众和运动员，是信息传播的最广泛群体。在亚运会文化传播中，要重点发挥"点"的权威职能，积极号动"线"的传播意愿，总体提高"面"的传播能力，三者相互结合，各司其职，才能全面有效地推进杭州亚运会跨文化传播。

首先，赛事组织者和中国政府要重点遴选亚运会体育赛事专家，打造亚运会文化传播"意见领袖"，形成以体育教练、赛事负责人、体育界学者等主导的知识水平过硬、意识形态牢固、专业素养较高的重点传播队伍，负责多方位、高频度、大范围地向广大群众及时传播权威的亚运会赛事信息，从而减少参赛国家和地区、广大民众和运动员的信息壁垒，提高其亚运会文化传播能力和水平。

其次，要加强亚运会文化宣传人员的专业培训，设置稳定专班机构宣传亚运会赛事和文化知识，一方面确保亚运会文化传播信息科学准确，另一方面增加广大民众和运动员信息偶遇的机会，提高公众对亚运会文化传播的认知与了解，从而从总体上提高亚运会文化传播能力。

再者，政府部门要推进民众传播的秩序化、规范化建设，及时清理和打击错误信息和负面信息，防止其大规模流传蔓延，营造良好的亚运会文化传播网络生态。

5.2 结合中西方体育文化融通点，推进各类体育项目全面传播

5W 理论中的传播内容是亚运会文化传播的核心，是决定亚运会文化传播效果的根本。针对亚运会文化中西方融通元素少、小众项目"边缘化"的问题，要在丰富亚运文化传播策略、改善亚运文化传播方式、总体优化亚运文化传播内容等方面促进亚运会文化传播。

一是要发掘东方文化与西方文化的融通点与联结点，找寻两者之间的普遍性和共性。霍夫斯泰德的文化维度理论（Hofstede's cultural dimensions theory）将东西方文化维度用六个不同方面来衡量[23]，点明了中西方文化间不可避免的差异与个性。此次的杭州亚运会是体育与东方文化交融的典范，无论是融入甲骨文和玉琮元素的火炬"薪火"，还是来自千年良渚文明的奖牌"湖山"，又或是结合青花瓷和牡丹等中国文化的礼服"星耀"，都是中国优秀传统文化焕发出新活力的生动体现。但为了能让对东方文化知之甚少的西方民众增进对杭州亚运文化的了解，在亚运会文化传播过程中，要跨越意识形态和历史文化差异，运用赛事筹办的特殊视角和生动实践，从西方的历史发展轨迹、文化元素特点、宗教文化信仰、社会生活习惯等方面找到与东方文明的共融共同之处，寻找其中的共情规律，再巧妙地将两者有机结合，重视体育民族性与世界性的重叠、交叉或融合元素，扩大国家认同和全球认同的生成路径，从而让西方民众能更好地接受和理解来自东方亚运文化的魅力，从根本上促进杭州亚运文化传播的效果。

二是要学会"打直球"，用直白通俗的方式介绍杭州亚运会文化。在杭州亚运会上，无论是神人兽面的吉祥物组合"江南忆"，还是蕴含江南人文意蕴的会徽"潮涌"，又或是亚运会核心主题图形"润泽"，对于不太了解中国文化的外国民众，始终要坚持晓畅易懂的原则与直接明了的方式，清晰明白地介绍其中的构成、元素来源与象征等重要因素，尽量较少或者避免涉及晦涩深奥的历史和文化传统知识，减少亚运会文化传播过程中的隔阂与障碍，从而更好地传播亚运文化。

三是要顾及新兴项目，推动大众项目与小众项目全面发展。我们不仅要推动我们熟知的杭州亚运会大众化项目的跨文化传播，对于藤球、板球、克柔术、卡巴迪等带有亚洲特色文化元素的项目，他们一方面是体育赛事的重要组成部分，另一方面也是亚洲和东方文化的生动体现，更要重点传播。要采取多样化传播手段与渠道来普及和宣传这些项目的历史沿革、赛事机制、规则打法等相关内容来增进西方民众的认识与了解，更要结合中西方文化之间的共性来帮助西方民众理解其中的个性，从而更好地促进亚运会大众与小众项目共同传播。

5.3 拓宽多元化传播新渠道，并驾齐驱推广国际影响力

杭州亚运会是亚洲最大的综合性体育赛事，覆盖了数十亿人口，涉及多元的文化和语言。为了有效地传播杭州亚运会的体育文化，需要突破语言和文化的障碍，提高亚运会的国际影响力和吸引力，采用多种传播渠道和策略。在媒体融合的背景下，杭州亚运会的传播渠道要在打造"四全"媒体（全程媒体、全息媒体、全员媒体和全效媒体）基础上[24]，采取相应措施。

一是扩大国际媒体"朋友圈"，善待国际媒体，提升传播力度。国际媒体具有覆盖范围广、传播速度快、富有现场感等传播优势。杭州亚组委要善于利用国际媒体和机构，如联合国、国际奥委会、国际体育联合会等，发布杭州亚运会的官方声明、活动安排、合作邀请等，增加杭州亚运会的国际声誉和影响力。同时，杭州亚组委海外融媒体运维中心应充分利用社交媒体、视频网站、直播平台等网络媒体，及时在 Facebook、Twitter、Instagram、YouTube 和 TikTok 等平台运营第 19 届杭州亚运会官方海外社交账号，动态收集和推送杭州亚运会的优质国际传播素材，推出亚运会故事系列视频，讲述了亚运会的历史、精神、项目、明星等，与全球观众互动交流，让国际观众更加了解亚运会的魅力。

二是利用海外华人和华侨，分享杭州亚运会的亲身经历、感受和评价，增加杭州亚运会的海外认知和支持。杭州亚运会相关负责人应加大力度在全球范围内征集"亚运会志愿者大使"，邀请来自不同国家和地区的华人华侨参与亚运会的志愿服务和宣传推广。同时，杭州亚运会也可以通过海外华人和华侨的社交网络、媒体平台、社团组织等，传播杭州亚运会的信息和文化，增强海外华人和华侨对杭州亚运会的关注和参与，积极扮演亚运会文化传播的使者，推动杭州亚运会文化传播。

三是要充分利用传统媒体的印刷类传播媒介。传统媒体主要包括印刷类和电子类两大类型，印刷类传播媒介主要指报纸、杂志、图书等。此类媒介因其图文并茂、信息详细、可选择性、易于保存等特点，而具有自身特色的传播效果。例如，定期更新和运营都市快报《跟着 Hangzhoufeel 学英语》版，将海外社交媒体及英文报纸上的爆款和优质内容及外媒对杭州的最新正面报道，通过双语形式，以外国读者喜闻乐见的互动呈现，更好地推动亚运会文化国际传播[25]；同时，要充分利用杭州双语电视节目《看杭州》平台，以中英双语的形式，更直观地向全球观众展示杭州的风土人情、历史文化、经济发展、城市建设等方面的内容，增进外国友人对杭州以及杭州亚运会的了解和好感。

四是要利用新媒体的传播渠道。新媒体主要包括网络传播、数字传播、户外传播等类型，其传播方式具有覆盖面广、传播速度快、交互性强等特点，是亚运会跨文化传播的重要途径。在运用网络传播和数字传播方面，要充分运用新上线的杭州亚运会赛事成绩发布类系统群，采用云计算替代传统数据中心（IDC）全面支撑亚运的组织和运营，避免传统模式下软硬件资源难以共享的问题，推动杭州亚运会赛事信息网络和数字传播。

此外，户外传播媒介也是重要的一环，包括户外广告牌、户外 LED 屏、霓虹灯箱等大型视觉设施，以及纪念徽章、明信片、邮票、书签等小物件。可以给游客带来视觉效果与纪念意义，起到城市文化宣传的作用。例如，应当把杭州亚运会的吉祥物、主题曲、口号等制作成各种形式的纪念品，让游客在欣赏和收藏的同时，也能感受到杭州亚运会的文化氛围，利用户外实践和交互性强这一特点更好地推动杭州亚运会文化传播。

5.4 定制差异化传播策略，覆盖多层次传播受众

传播对象是指传播活动的目标受众，即传播者希望影响的人群。传播对象的选择和分析，是制定传播策略的重要依据。根据不同的传播对象，应当采用不同的传播策略和方式，以实现有针对性的传播效

果。

对于不同年龄段的国际受众，根据不同的兴趣、领域和渠道等方面制定合适的传播策略，以达到良好的跨文化传播效果。针对年轻人和新媒体用户，可以利用微博、微信、抖音等社交平台，发布杭州亚运会的最新资讯、精彩视频、有趣互动等，吸引受众的关注和参与。同时，可以借助优秀运动员、话题人物、网络大咖的名人效应，扩大传播人口、提升亚运会的影响力。例如，发布面向青少年观众的年轻明星参与亚运会的相关内容，以增加他们的兴趣和互动；针对老年人和传统媒体用户，可以利用电视、广播、报纸等传统媒体，播放杭州亚运会的开幕式、闭幕式、重要赛事等，传递杭州亚运会的正能量和精神。同时，可以通过运用视觉文化形式，如短片、动画等，加深外国友人对中华体育文化的认知和感悟。例如，采用浅显易懂的方式，介绍某些传统体育项目的背景知识和文化常识。

对于不同地区和国家的国际受众，应当根据语言、文化、习俗等特征进行细分，以提供差异化的传播服务。针对亚洲国家和地区的受众，可以从亚洲共同体的文化认同和价值追求出发，寻找和发掘体育项目中的相似点和共融之处。减轻各国人民对中华文化的排斥心理，让他们更好地倾听中国故事、中国声音，加深对中国的了解。同时，可以充分调研沿线国家人民对体育的需求喜好，有针对性地进行宣传普及，让他们真心感受到我国传统体育文化的魅力。例如，为不同国家的观众提供专门的信息页面，并根据观众的语言提供翻译或本土化内容；针对欧美国家和地区的受众，可以利用杭州亚运会的国际视野和创新理念，展示杭州亚运会的先进水平和独特风貌，提升杭州亚运会的国际知名度和美誉度。同时，可以通过运用筹办赛事的特殊视角、特殊实践，寻找中国与世界文化的共通共融之处，用更直白的表达方式，做好国际传播。例如，挖掘优秀的亚运人，讲述接地气的亚运故事，借力体育赛事连接更多知华爱华的国际受众，凝聚国际社会共情，向世界展现可信、可爱、可敬的国家形象。

其次，还应利用名人效应，进一步提高亚运会文化传播效果。体育名人本身拥有广泛知名度，具有很高的社会关注度和影响力，来自不同项目的明星运动员，自带流量和"粉丝"，应当基于运动员增加体育文化增加曝光度。在传播过程中，可以借助优秀运动员、话题人物、网络大咖的名人效应，扩大传播人口、提升亚运会的影响力。例如，北京冬奥会上，仅谷爱凌一人就在网络上引爆了无数话题，这也给杭州亚运会一个启示，要充分借助优秀运动员、话题人物、网络大咖的名人效应，扩大传播人口，从而进一步提升亚运会文化传播的影响力。

5.5 多维度评估传播效果，多形式构建传播实践

习近平总书记在 G20 峰会期间提到："杭州是一座历史名城，也是一座创新之城，既充满浓郁的中华文化韵味，也拥有面向世界的宽广视野"[26]。杭州亚运会是一次全面提升城市国际影响力的传播契机，为了有效地传播杭州亚运会的信息和价值，需要进行系列的思考与行动。

一是要明确传播渠道的目的和价值，根据不同的传播效果和反馈，评估和调整传播渠道的策略和方法。例如，通过数据分析、问卷调查、访谈采访等方式，收集和了解受众对杭州亚运会的知晓度、满意度、忠诚度等指标，检验和优化传播渠道的效率和质量；通过案例分析、经验总结、建议征集等方式，学习和借鉴其他国际体育赛事的传播渠道的优势和特点，创新和改进传播渠道的形式和内容。

二是要注重赛后传播，打造持久的赛后媒介记忆。杭州亚运会可以在赛后通过社交媒体平台发布每周的赛事回顾，包括最令人难忘的瞬间、运动员的感人故事和国际受众的互动反馈。这将帮助保持公众的兴趣和记忆。同时，他们可以在官方网站上发表一系列的文化视频，展示杭州的美丽景观、传统文化和美食，以吸引国际受众的兴趣，并鼓励他们深入了解杭州和中国的文化，赛前赛后共同打造持久有效

的亚运会文化传播集体记忆。

三是要即时反馈外媒涉杭正面报道形成二次传播。在海外社交平台，通过搜索关键词搜集关于杭州亚运会的英文报道。同时，境外媒体对杭州的报道，团队应在第一时间监测到并在最短时间内完成二次推广。例如，当外媒报道杭州亚运会的数字人文技术时，要及时转发、评论、点赞，增加其曝光度和影响力，同时也可以邀请国内外的专家、学者、网友等参与讨论，分享他们的看法和感受，形成良好的传播氛围。

四是要建立有效的受众反馈机制，对体育跨文化传播效果进行定量和定性评估，根据反馈发现的问题和传播效果及时调整传播内容和技巧。政府应设立专门的传播机构，赋予其法定的监管权，为体育文化的传播提供一个明确、高效的监管主体。同时通过多种方式收集体育文化传播的反馈信息，并对这些信息进行分析、整理、总结，以对自身的传播方式进行调整与优化，做到扬长避短。政府及相关部门应建立专门的反馈机构，对国外受众群体的需求特征等进行全面了解，并及时调整传播方式，以推进中国体育文化在国际社会中的有效传播与发扬。

五是要借势营销，扩大品牌影响力。杭州亚运会共吸引了 176 家企业的赞助，创下了历史新高。各大品牌也借势营销，推出了各种创意活动，扩大了品牌影响力。例如，支付宝和饿了么在杭州地铁上打出了"畅刷亚运"和"金牌滋味"的广告，为中国健儿加油。闲鱼平台则举办了一场"闲置运动会"，让闲置物品也能参与亚运会的热潮，同时传递了绿色、环保、低碳的理念。这些活动提升了品牌的知名度和美誉度，为体育文化的传播起到了积极推动作用。

6 结 论

中国体育在近几十年的发展中，彰显了体育文化的力量和魅力。作为中华体育文化的载体，杭州亚运会肩负传播中国文化讲好中国故事、推动亚洲文明的对话与合作、反映普世价值共铸人类命运共同体、树立体育强国形象彰显国际影响的历史使命，然而在传播过程中，存在传播主体文化传播能力参差、中西文化融合不够、信息传递失真、受众群体分散、赛后媒介记忆淡化的问题。针对这些问题，本文提出要进一步构建传播主体网络、结合中西文化交融、拓宽多元化传播渠道、定制差异化传播策略、多维度评估传播效果的措施，用更丰富和完善的策略与方式更生动地讲好中国故事，展现真实、立体、全面的中国形象，进一步推动中国体育文化国际传播，为实现体育强国的目标而奋斗，让体育强国梦融入中国梦的时代洪流中。

参考文献

[1] 新华网发布《习近平的"亚运时间"》[EB/OL].http://www.qstheory.cn/qshyjx/2023-09-24/c_1129882057.htm,2023-09-24

[2] 单凯,黄斐凡.良渚文化的对外传播与 2022 年杭州亚运会宣传[J].浙江体育科学,2021,43(05).

[3] 刘蕴萱.跨文化视域下杭州亚运会吉祥物的意义生成机制与传播路径探究[J].视听,2023,(06).

[4] 颜歆窈.新媒体时代杭州亚运会中国及城市形象的国际传播策略研究——以 YouTube 平台为例[J].新闻研究导刊,2023,14(13).

[5] 田思源.新《体育法》对立法目的作出战略调整[N].中国社会科学报,2022-11-09(004).

[6] 杨桦,仇军,陈琦等.新时代我国体育哲学社会科学研究现状与发展趋势——基于国家"十四五"体育学发展规划调研分析[J].体育科学,2020,40(08):3-26.

[7] 张营.习近平新时代党的建设对中华优秀传统文化的传承与发展探究[J].南方论刊,2021(11):14-17.

[8] 赵富学,黄莉,张高华等.体育成为中华民族伟大复兴标志性事业的文化内蕴与支持理路[J].体育文化导刊,2022(07):19-25.

[9] 邵培仁.传播学[M].北京：高等教育出版社，2007.

[10] Lasswell H D. The structure and function of communication in society[J]. The communication of ideas, 1948, 37(1): 136-139.

[11] 高海波.拉斯韦尔 5W 模式探源[J].国际新闻界,2008,(10).

[12] 崔希,周亚婷."一带一路"视域下我国体育文化传播研究——基于拉斯韦尔 5W 传播模式[J].辽宁体育科技,2021,43(04).

[13] 刘长姣,支川.中国武术与韩国跆拳道传播模式的差异性研究——基于拉斯韦尔"5W"模式[J].南京体育学院学报,2020,19(07).

[14] 张琳.武术与电子竞技入奥进程的比较及启示——基于拉斯韦尔"5W"模式[J].体育科技文献通报,2022,30(02).

[15] 单波.跨文化传播的基本理论命题[J].华中师范大学学报(人文社会科学版),2011,50(01):103-113.

[16] 郭春侠,刘惠,储节旺.新媒体环境下网络舆情治理大数据能力建设研究[J].情报理论与实践,2018,41(12):46-54.

[17] Hartley P. Interpersonal communication[M]. Routledge, 2002.

[18] Shanahan J, Morgan M. Television and its viewers: Cultivation theory and research[M]. Cambridge university press, 1999.

[19] 王剑,王玉翠,黄梦杰.社交网络中的虚假信息：定义、检测及控制[J].计算机科学,2021,48(08):

[20] 朱继东.新中国成立以来应对西方打压、干涉、制裁的意识形态经验及启示[J].宁夏社会科学,2023,(02).

[21] 韩凤月,宋宗佩,覃芳艳.国际大型体育赛事提升国家形象的路径研究[J].广州体育学院学报,2017,37(05).

[22] 钟新,蒋贤成.跨文化共情传播机制探新：基于孔子学院院长访谈的跨国比较研究[J].东岳论丛,2023,44(02).

[23] Hofstede G. Dimensionalizing cultures: The Hofstede model in context[J]. Online readings in psychology and culture, 2011, 2(1): 8.

[24] 史安斌,童桐.从国际传播到战略传播：新时代的语境适配与路径转型[J].新闻与写作,2021,(10).

[25] 杭州市规划和自然资源局关于发布《杭州如何打造世界级的历史文化名城？请来说说你的想法》[EB/OL].http://ghzy.hangzhou.gov.cn/art/2021/3/17/art_1228962749_58926909.html,2021-03-17.

[26] 杭州网发布《杭州的创新事、暖心事、有趣事 杭州外宣厨房第一时间告诉 180 万海外用户》[EB/OL].https://hznews.hangzhou.com.cn/chengshi/content/2021-06-02/content_7977173.htm,2021-06-02.

体育译介与跨文化传播
Translation and Cross-cultural Communication of Sports

第四辑 2023 年 12 月

Cross-cultural Communication of the Hangzhou Asian Games Based on the 5W Model: Mission, Dilemma and Practice

Abstract

The Hangzhou Asian Games provided an important opportunity for Chinese sports culture to go global, and also triggered heated discussions and concerns about cross-cultural communication. Starting from the historical mission of cross-cultural communication of the Asian Games, this paper applies Harold Lasswell's 5W theory in communication studies to analyze the cross-cultural communication of the Hangzhou Asian Games from the five aspects of communication subject, communication content, communication channel, communication object and communication effect. It finds that problems exist, such as uneven cultural communication capabilities of communication subjects, insufficient integration of Chinese and Western cultures, distortion of information transmission, scattered audience groups, and dilution of media memory after the game. It is proposed that the measures should be taken in further constructing the network of communication subjects, combining the integration of Chinese and Western cultures, expanding diversified communication channels, customizing differentiated communication strategies, and evaluating communication effects in multiple dimensions, which are aimed at providing useful references for the cross-cultural communication of Hangzhou Asian Games.

Keywords: Hangzhou Asian Games; cross-cultural communication of sports; 5W theory

关系正常化以来中美体育外交的历史回眸与经验总结

赵家璇[1]，王兴尧[2]

1 华中师范大学国家文化产业研究中心，湖北 武汉，430079
2 华中师范大学文学院，湖北 武汉，430079

摘 要：自 1972 年关系正常化以来，中美外交已经走过了五十余年，中美体育交往也在起伏中经历了半个世纪之久。体育外交打开了中美关系正常化的大门，并在此后的外交历程中始终扮演了关键角色，成为两国共同珍视的交往手段。本文将从历时性的角度出发，将关系正常化以来的中美体育外交梳理为不同阶段进行审视，并基于发展历程总结我国在两国体育往来中的历史经验，以经验启示更好发挥体育外交在服务国家外交全局、发展大局中的深刻作用，推动中美新型大国关系构建，为新时代中国体育外交发展提供借鉴。

关键词：中美体育外交；历史回眸；经验总结

1 关系正常化以来中美体育外交的历史回眸

体育不仅是人类关于力量、速度的竞技场，也是推动国际友好交往的重要场域，为人类谋求和平与繁荣搭建一个文化领域的沟通与协商平台。"友谊第一，比赛第二"，以体育的形式进行对话交流，其形成的沟通氛围往往可以超越国家之间在意识形态、社会性质等方面的差异与对立，以"先行官"的角色在特殊的历史条件下打开两国外交关系的大门，推动国家间外交关系的改善。

1.1 "破冰"时期的中美体育外交（1971 年-1978 年）

20 世纪 70 年代，伴随着中苏关系恶化、美国深陷战争泥潭，中美双方开始逐渐调整外交政策以改善两国关系。但是，长期以来的敌对状态让中美高层直接的外交对话还显得不太现实，要真正实现外交破冰，还需要依托新的沟通渠道，而时任国际乒联主席罗伊·埃文斯就曾向周恩来总理建议，中国可以通过体育交流的方式加强与世界的联系。正是在这样的时代背景下，名古屋世乒赛便成了中美寻求改善外交关系的重要契机，"体育作为外交先行官，以民间交往推动国家交流与和解，在国际外交史上留下了精彩绝妙的一笔"[1]。

1971 年，中美运动员庄则栋与科恩的友好交流引起世界轰动，美国乒乓球队随即向中国提出访华愿景。4 月 7 日，代表团在接到国内指示后，正式向美国等国家的乒乓球队发出访华邀请。14 日，周恩来总理在北京接见了美国队一行，尼克松也在当天发表声明，正式结束对华贸易禁令[2]。随后，"乒乓外交"持续发力，两国接触开始向领导人层面扩展。1971 年后，美国国家安全事务助理基辛格和美国总统尼克松先后访华，正式打破中美几十年的外交坚冰，两国关系从此走向正常化，掀开了中美关系的全新篇章。尼克松访华结束后，中国乒乓球队应邀访美，受到了尼克松和美国人民的热烈欢迎，双方互赠礼物，增进了解，以体育为纽带结下了深厚友谊。"小球推动大球"在时代的变幻激荡中因运而生，成为叩开中美关系大门、两国外交关系的起点，被载入史册。

---

[1] 第一作者简介：赵家璇（1998-），男，河南许昌人，在读硕士研究生，研究方向：中国史、文化史，Email：zhaojiaxuan23@163.com。

篮球同样在中美关系发展初期的七十年代扮演了重要角色，两国篮球运动员在此期间频繁互访，建立了良好关系。1973 年，美国大学生男子篮球队和美国肯尼迪学院爱国女子篮球队来华访问[3]。1978 年，中国派出篮球队回访美国，体育作为外交关系的"敲门砖"再一次诠释了作为一张文化名片和交流渠道在国际交往中的积极作用。

从乒乓球到篮球，从小球到大球再到地球，七十年代的中美体育外交以其公共性与人文交流推动了两国人民从隔绝走向认知，进而上升到国家层面，实现两国高层领导人的直接对话，打破外交坚冰，建立外交关系，成为中美整个外交工作的开篇与重要一部分，正如萨马兰奇在纪念"乒乓外交"25 周年的贺信中说："70 年代初促使中美两国关系发展的'乒乓外交'，生动展示了体育在促进世界和平、增进各国人民之间的友谊和互相了解方面起到了多么积极的作用！"[4]

1.2 改革开放后的中美体育外交（1979 年-2012 年）

十一届三中全会后，中国体育在国家对外开放的步伐中开始全面走向世界，向世界人民展示自己的风采，积极参加或举办大型国际体育赛事，在运动场上与来自世界各国的运动健儿同场竞技，收获成绩、收获友谊，通过体育的方式扩大中国影响力，进而推动新中国外交事业，特别是中美关系的发展进步。

1979 年元旦，中美正式建交，邓小平应邀访美。访问期间，邓小平向美国篮球队发出邀请，欢迎他们到中国做客。几个月后，由全美大学明星组建的美国国家篮球队访问中国，华盛顿子弹队也在随后踏上中国的土地，成为第一支访华的 NBA 球队。他们游览故宫、长城，深切感受中国文化，并先后在北京、上海与八一队和上海男篮进行了两场友谊赛，成功在中国掀起了一场篮球热潮。6 年后，中国国家篮球队以 "NBA-中国友谊之旅" 为名回访美国，中央电视台也从 1986 年起开始转播 NBA 赛事。拳王阿里也是这一时期中美体育交往中的标志性人物，分别于 1979 年、1985 年、1993 年三次访问中国。在首次访华中，阿里受到了邓小平的亲切接见，他向小平同志建议中国恢复拳击运动，邓小平说 "只要人民喜欢的体育运动，在中国一定会开展……拳击运动也可以成为增进中美两国人民了解和友谊的渠道"[5]。

同样是在 1979 年，中国正式恢复国际奥委会合法席位，开始全面参与国际体育赛事。1980 年，第 13 届冬奥会在美国普拉西德湖举办，这是中国回到国际奥林匹克大家庭后的首次奥运赛事。1984 年，夏奥会又来到美国洛杉矶，中国派出了一个由 353 人组成的大型体育代表团，参加除足球、曲棍球、马术、现代五项以外所有的 16 个比赛大项。最终在这届赛事上，中国队共获得 15 金 8 银 9 铜，位列金牌榜第四位：许海峰为中国实现奥运金牌零的突破，体操王子李宁独得 3 金 2 银 1 铜，中国女排在决赛击败东道主美国队，完成了世界冠军五连冠中坚实的一步。同时，借助此次奥运会，中国体育代表团同美国奥组委、美国人民、各国代表团以及旅美华侨、美籍华人等广泛接触，积极开展友好联络工作，扩大中国影响力，美国《基督教科学箴言报》和《华尔街日报》甚至提出应当为中国体育代表团颁发 "外交金牌" 和 "友善奖"[6]。代表团回国后，美国驻华大使恒安石特地举办招待会，向取得优异成绩的中国运动健儿表示祝贺。

20 世纪八九十年代，世界进入新旧格局交替时期。面对风云突变的国际国内局势，中国体育周密部署，积极开展对外交流以应对形势变化。1988 年 12 月，中美两国奥委会在北京签署中美体育交流协定书；1990 年，中国成功举办北京亚运会等大型体育赛事；1991 年，美国亚特兰大奥运会组委会主席一行访问北京。通过这一系列体育活动的内外发力，不但增强了我国的民族凝聚力，还对外塑造了我国良好的国际形象，大大改善了国际环境，打破了以美国为首的西方国家对我国实施的政治制裁，为推动改革开放创造了良好的内外部条件[7]。

　　1996 年，美国亚特兰大奥运会开幕，中美女足在这届赛事上会师决赛，最终铿锵玫瑰惜败对手获得亚军，但中国女足在整届比赛上的出色表现赢得了主场球迷的高度赞扬，中国代表团也最终收获 16 金 22 银 12 铜，位居金牌榜第四位。1999 年，两队在美国女足世界杯决赛上再次相遇，由于此前以美国为首的北约轰炸中国驻南联盟大使馆，中美关系骤然紧张，美国的霸权行径遭到了中国政府和中国人民的强烈谴责，因此这场比赛也受到了两国社会的高度关注。为了缓和对华关系，时任美国总统克林顿亲临现场，并在比赛结束后绕过美国队直接来到中国队休息室，同队员们一一握手留念。随后，克林顿持续在这次"女足外交"上用力。他向江泽民主席致信祝贺，对有机会观看中美两国球队在友谊、竞争、拼搏的优良传统下进行比赛感到高兴，向中国队的出色表现致敬，江泽民主席也在随后回信表示感谢，并祝贺美国队夺得世界杯冠军[8]。这次"女足外交"在美方的主导下发起，克林顿为了缓和对华关系，不失时机的抓住机会向中国示好。2002 年，第 19 届冬奥会在美国盐湖城举行，在这届赛事上，中国体育再次展现实力，杨扬为中国实现了冬奥金牌"零的突破"。

　　除了外出参加比赛外，中国还积极争取奥运会的主办权，吸引各国运动员到中国参赛。1990 年北京亚运会结束后，中国便着手开始了 2000 年奥运会的申办工作。然而在这次申奥过程中，以美国为首的西方国家以人权问题为由发起政治抹黑，阻碍中国申办奥运会，中国申奥面临了来自西方国家巨大的政治压力，中美关系也受到影响，最终北京以两票之差输给悉尼。第一次申奥失利后，中国体育在"同志仍需努力"的口号中从头开始，北京于 1999 年 4 月再次向国际奥委会递交申请书，目标瞄定 2008 年奥运会举办权。围绕奥运会申办，中国积极推进双边体育交流与合作，加强与国际体育组织的联系和沟通，全面提升在国际体育界的影响力[9]，最终在 2001 年成功申办第二十九届夏季奥运会。

　　进入 21 世纪后，中美双方加强了各领域的对话与协商，体育方面的交流也愈加密切，这与明星效应也是分不开的。运动员是了解一个国家的窗口，随着以姚明、郎平、李娜等为代表的中国体育人用实力赢得成绩，以科比、马布里、菲尔普斯等为代表的美国运动员在中国获得越来越多的粉丝与拥趸，运动员成为了两国交往的友好大使，架起两国社会沟通的桥梁。以姚明为例，作为闯荡 NBA 最成功的中国乃至亚洲球员，姚明七次入选 NBA 全明星阵容、两次登上《时代周刊》封面、两次被《时代周刊》评选为年度"世界最具影响力的 100 人"之一，姚明以他的出色球技和人格魅力向美国展示了一个中国运动员的实力与个性[10]，他代表的已经不仅仅是他自己，而是一个国家、一种文化，NBA 总裁大卫·斯特恩就曾说："姚明确实拉近了中美两国之间的距离，我们通过姚明更多地了解中国"。此外，美国还在 2006、2007 年官方任命花样滑冰运动员关颖珊、棒球运动员卡尔·瑞普肯为美国政府"公共外交大使"，他们也多次来华访问[11]。

　　2008 年北京奥运会的举办实现了中华民族的百年夙愿，世界人民看到了五千年中华文明以及当代中国社会的精神面貌，中国体育代表团共得 51 金 21 银 28 铜，以"百分"成绩举办了一届充满荣耀的奥运盛会。同时，北京奥运会也是中国与美国、中国与世界体育外交的一个高点，成为中国开展外交工作的集中阵地，包括美国总统布什、俄罗斯总理普京、法国总统萨科齐等在内的亚非欧 80 多位外国元首和国际组织政要悉数来到北京，中国党和国家领导人与各国政要共进行了一百多场会晤[12]，成为了奥运历史乃至世界体育史上罕见的"外交盛宴"，正如国际奥委会主席罗格所言："通过本届奥运会，世界更多的了解中国，中国也更多的了解世界"[13]。而就体育层面的直接对抗来说，北京奥运会上最受人关注的莫过于中美男篮相遇小组赛，中国队以姚明为领衔迎战美国"梦之队"，这场比赛吸引了全球十亿观众的目光，基辛格、布什父子及众多美国高官亲临现场观战，中国外交部部长杨洁篪全程陪同，法新社在当时报道中写道，"如果想在中美两国间寻找共同点，篮球已经取代了乒乓球，这是 21 世纪的中美体育外交"

[14]。此外，在参加本届赛事的美国代表团中，还有五个由华人执教的运动项目，包括美国女排教练郎平、跳水队主教练陈文波、田径队领队李梨、体操女队教练乔良、羽毛球队教练蔡子敏，体育成为了沟通中美两国人民心灵的桥梁[15]。

北京奥运会后，中美双方仍高度重视体育在对外关系中扮演的角色。2009 年 7 月，作为篮球迷的美国总统奥巴马在中美战略与经济对话开幕式上以姚明的"一个球队，无论是新成员还是旧成员，都需要时间磨合"这句话作为自己的发言辞令，并在随后再次开展"篮球外交"——向中方代表，时任国务院副总理王岐山赠送了自己的签名篮球。双方还在 2010 年至 2016 年间举行了七轮中美人文交流高层磋商，推动了包括体育在内的多个领域达成合作项目，加强了两国在青少年体育、奥运项目、传统体育、休闲体育、体育院校、残疾人体育、特奥等方面的交流。2009 年 9 月，华盛顿奇才（前身即华盛顿子弹队）应中国人民对外友好协会邀请再次来华访问，以庆祝中美建交 30 周年[16]。

然而，作为世界上最重要的双边关系，中美有对话与合作，就有波折与阴影，在体育领域的表现也尤为突出。1983 年，美国不顾中国政府反复交涉，编造理由，给中国网球运动员胡娜以所谓"政治庇护"，破坏中美正常体育交往，中华全国体育总会随后正式停止两国当年所有的双边体育交往。此外，美国在中国两次申奥历程中处心积虑的阻挠破坏也都影响了两国正常的外交往来，"藏独"在美西方势力支持下在北京奥运会前夕公然掀起反华恶流，制造黑暴事件、抢夺奥运火炬、撕扯我驻外使馆国旗。

总的来看，这一阶段的中美体育外交是在中国开始实施改革开放的背景下进行的，我国综合国力、国际影响力不断提高，中国体育也在重返国际奥委会大家庭后向世界人民展示自己的风采，积极参加或举办大型国际体育赛事，在运动场上与来自世界各国的运动健儿们同场竞技，依靠体育的力量继续扩大中国国际影响力，进而推动中国外交事业，特别是中美关系的发展进步，在体育层面与美国及世界的联系越来越频繁，体育在对外交往中扮演了关键角色。

1.3 十八大以来的中美体育外交（2013 年至今）

十八大以来，以习近平同志为核心的党中央统筹国际国内两个大局，引领中国走近世界舞台中央，为实现中华民族伟大复兴的中国梦保驾护航，为世界和平与发展作出新的贡献，谱写了中国特色大国外交的新篇章[17]。

在这十年外交工作中，体育成为"元首外交"的新元素、新亮点。习近平总书记在体育交往中亲力亲为，通过体育助推国相交、民相亲，向世界展现出中国的开放自信、友善包容，用体育谱写中国与世界文明交流互鉴的新篇章[18]。在中美关系中，习近平主席早在 2012 年时就曾以国家副主席身份在访美期间到访洛杉矶湖人队的主场，成为第一位现场观看 NBA 比赛的中国领导人，并在赛后受赠了体育明星科比和贝克汉姆的签名球衣。2015 年 9 月，习近平主席再次到访美国，在访问期间他来到位于塔科马市的林肯中学，向该中学赠送了图书、乒乓球器械等物品，同时也收到了来自林肯中学回赠的一件印有"Xi"样式的 1 号橄榄球运动衣。2017 年 4 月，习近平主席在和美国总统特朗普会晤时共同确定建立中美社会和人文对话，首轮达成了包括体育领域在内的 130 多项合作成果。2019 年 6 月，习近平主席与特朗普总统再会日本大阪，习主席在会晤伊始就提到了"乒乓外交"——"48 年前的 1971 年，在离这里一百多公里的名古屋，31 届乒乓球锦标赛上中美运动员的友好互动创立了小球推动大球的历史佳话，四十多年的交往说明了中美合则两利，斗则俱伤"[19]。

进入 21 世纪第二个十年后，中美关系正常化和"乒乓外交"都整整走过了半个世纪，回顾这五十年历程，每一个周年时间点都成了两国举办高规格纪念活动的重要契机。2001 年，中国举办"乒乓外交三

十周年"招待会，时任国务院副总理李岚清与基辛格在招待会上挥舞球拍，切磋球技，再现"乒乓外交"；2009 年，纪念中美建交 30 周年乒乓球友谊赛在北京举办，时任外交部副部长王光亚、美国常务副国务卿内格罗蓬特等人出席；2011 年，在纪念"乒乓外交"四十周年活动上，时任国家副主席习近平与美国前总统卡特共同出席，并在纪念球拍上签名留念[21]。2017 年 9 月，为纪念中美关系正常化 45 周年，由新老两代冠军运动员组成的中国乒乓球代表团访问美国，先后走进纽约联合国总部、芝加哥、密歇根大学安娜堡分校等地，与美国当地的老对手、老朋友再次同场竞技，重温历史情谊。

2021 年，乒乓外交五十周年，双方仍举办了系列纪念活动。4 月 10 号，上海纪念中美"乒乓外交"50 周年活动举行。24 日，纪念"乒乓外交"50 周年活动在北京举行，双方历史亲历者、体育界代表再次汇聚一堂，积极评价"乒乓外交"的历史意义，期待体育推动中美外交的持续发展。11 月，美中关系全国委员会、中美两国乒协在美国休斯敦举办纪念活动，基辛格、驻美大使秦刚、国家体育总局局长苟仲文、美国奥委会主席利昂斯等人分别发表致辞，两国乒协主席查尔和刘国梁向中美老一辈乒乓球运动员颁发了"乒乓外交"贡献奖。此外，中美双方还在 11 月 21 号宣布由林高远(中国)与张安(美国)，卡纳克(美国)与王曼昱(中国)组成跨国组合参加在休斯顿举办的第 56 届世乒赛。从 1971 年到 2021 年，世乒赛跨越 50 个年头，这是世乒赛历史上第一次出现中美跨国组合，书写下了又一段"乒乓外交"的佳话。刘国梁说，"50 年来，中美乒乓球领域一直在进行形式多样的以球会友，但以比赛形式，中美运动员真正在竞技场上进行配合，这是第一次。这次中美选手跨国组合，既是中美'乒乓外交'传承的一部分，也为它的延续和延伸跨出实质性的一步"[21]。

体育外交也是这十年来大使外交中的一项重要内容。从 2014 年 2 月崔天凯大使出席"NBA 中国之夜"活动，到秦刚大使成为奇才队、湖人队等 NBA 球队的常客，驻美大使也通过体育的方式与美国社会近距离接触。比如，秦刚大使与奇才队关系深厚，他不仅到球场观看比赛，还会直接走下球场投掷篮球；他也曾经在 NHL（美国国家冰球联盟）赛场上向美国介绍北京冬奥会的筹备情况；他还会使用美式橄榄球的规则比喻中美关系——"中美关系显然不同于激烈对抗的美式橄榄球比赛，这里不应有攻方守方，不应有'达阵得分''四分卫擒杀'"[22]。2023 年，已出任外交部部长的秦刚连续第二年在中国农历春节期间出现在奇才队主场，向 NBA 和广大球迷送上新春祝福，搭建两国的文化桥梁，继续以体育的方式推动两国社会的友好往来。

国之交在民相亲，在民间体育交往上，自 2013 年以来，随着中国体育消费市场不断扩大、本土体育产业不断兴起，两国在体育产业领域的交流合作也成为两国体育交往的亮点。越来越多的 NBA 球队和球星到中国举办季前赛和巡回表演，CBA 球队也会前往美国组织训练；中国球员也相继登陆 NBA 这个更高的竞技舞台，从男篮的王治郅、巴特尔、姚明到女篮的郑海霞、苗立杰、陈楠、邵婷，再到后来的韩旭、李月汝、李梦在 WNBA 上演"中国德比"；腾讯在 2015 年与 NBA 签订了一份为期 5 年价值 5 亿美元的合作协议，成为 NBA 最大的海外合作伙伴。NBA 还从 2012 年开始连续在中国农历春节期间举办贺岁活动，以各种方式向中国人民送上新春祝福。姚明在退役后受邀担任上海公共外交协会副会长和"荣誉大使"，在2012 到 2017 年间多次率领上海大鲨鱼队赴美国参加民间篮球邀请赛，并积极参与"中美学校体育战略对话"等活动。此外，美式橄榄球、棒球等项目也正在被越来越多中国民众了解与喜爱，而来自中国的太极拳、龙舟、舞剑等传统体育也不断走进美国社会。体育文化在两国民间润物无声地扩散传播，不断加深两国人民对彼此文化的了解认知，中美体育交流已呈现全方位、多渠道、多层次的态势[23]。

2022 年开年，中国迎来了又一场重要的体育盛会和主场外交——第 24 届冬季奥林匹克运动会。在这届赛事上，美国派出了 222 名运动员，参加所有 15 个大项的比赛[24]。赛事期间，中美两国运动员的友好

交流无时无刻都在发生着。美国运动员对比赛设施的热烈称赞、两国冰壶混双组合在赛后互赠徽章、以谷爱凌、苏翊鸣等为代表的中国运动员、吉祥物冰墩墩在网络上的快速传播都在全世界的目光中展示了中国新时代的实力与精神面貌。冬奥会上，奥组委副主席杨树安应约会见了美国奥委会与残奥委会主席、美国冬奥代表团团长利昂斯。冬奥会结束后，国家体育总局局长苟仲文再次会见利昂斯，盛赞了中美两国运动员在赛场上获得的成绩和友谊。这些都表明加强中美体育人文交流合乎民意，顺应民心，符合中美双方的共同利益[25]。北京冬奥会是在人类命运共同体理念指导下举办的一次体育盛会，对中美关系来说，赛场上的友好交流不仅是五环旗下的"团结"，更是源自过去多年以来中美民间友好交流的惯性使然，无论中美关系如何起伏，中美两国民间层面的交往交流始终保持着强大韧性和活力[26]。冬奥会后，秦刚大使在《在冬奥精神启迪下一起向未来》一文中写道："中美双方都应该向最好看齐，做更好的自我，相互尊重、公平竞争、合作同进、彼此成就"[27]。

然而，冬奥会的成功举办、中美两国运动员在冰雪上的优异表现仍然掩盖不了冬奥会前夕以美国为首的西方国家将体育政治化的错误行径，编造"人权问题"谎言抵制北京冬奥会，严重违背奥林匹克精神，给中美外交蒙上了一层阴影。除此之外，2019 年 NBA 职业经理人莫雷的不当言论也阻碍了中美关系的和谐稳定。2019 年，香港爆发动乱，严重威胁香港社会繁荣与稳定，美国一些别有用心人士却利用此次事件，大肆炒作，粗暴干涉中国内政。在美国体育界，NBA 火箭队总经理莫雷公开在社交媒体上发布涉港不当言论，而 NBA 总裁肖华竟也在回应中声称"莫雷具有言论自由的权利"。对此，中国广大球迷在网络上自发组织抵制活动，要求火箭队开除莫雷，中国驻休斯顿总领馆向火箭队提出严正交涉，中央广播电视总台也暂停了与该队的一切合作事宜。

总的来看，十八大以来的十年，中国在习近平新时代中国特色社会主义外交思想的引领下，将体育作为我国总体外交中的重要布局，不断深化体育外交工作，习近平主席作为体育爱好者，在体育交流方面躬身实践，亲力亲为，加强与世界各国领导人之间的友好关系。然而，随着中国的全面崛起，中美关系进入全面竞争时期，美国频频施加不稳定因素，体育层面的交往也接连遭遇挫折，甚至直接影响到两国正常的关系往来。

2 关系正常化以来中美体育外交的经验总结

通过对中美五十年来体育外交历程的梳理，我们可以从中得出以下几点经验：

第一，体育交往可以有效缓解政治对立，推动国际关系改善。体育作为一种国际"通用语言"，能够有效克服不同国家和不同民族之间的隔阂，超越意识形态分歧，为矛盾双方搭建沟通的结合点，架起交流的桥梁[28]。从中美关系的发展史上看，两国从隔绝走向和解正是在小小乒乓球的作用下实现的，并在两国不断的交往中始终扮演了关键角色，体育多次成为润泽中美关系的涓涓细流，缓和两国矛盾与政治对立。除乒乓球外，足球、篮球等项目也在中美关系中发挥了显著的纽带作用。庄则栋后来曾说，"我打球只能从台子这边打到那边，不时的下网、出界，从地球这边打到地球那边的是毛主席，用小球推动'大球'，打开了世界的格局。一个时代结束了，一个时代开始了，这是对人类的伟大贡献"[29]。

第二，体育是民间公共外交的重要推进剂。体育不能代替外交，但是体育可以在相互交往中凭借赛事举办、明星效应、运动员交流等形式推动民间公共外交的形成，增进两国元首以及两国人民之间的相互了解。以篮球为例，自华盛顿子弹队 1979 年踏上中国的土地至今，NBA 在中国耕耘多年，这项体育运动、这一体育品牌、美国篮球巨星和知名俱乐部在中国早已深入人心，中国球迷围绕在 NBA 周围形成"死忠"的文化群体。NBA 联盟对中国市场也十分看重，通过各种方式"宠粉"中国球迷，中美民间以

NBA 为纽带形成了中国球迷与美国篮球之间的情感联系，这种联系在没有政治因素干扰的情况下，可以为中美关系的稳定发展提供有效补充。

第三，体育外交是集中展示国家形象的最佳舞台。作为文化软实力的一部分，体育是一个国家、一个民族精神面貌的集中写照，通过体育层面的展示可以向世界传递出我们综合国力、社会发展、文化性格方面的优秀表现。以 2008 年北京夏奥会和 2022 年北京冬奥会为例，两次奥运会的成功举办吸引了包括美国在内的全世界的目光，人们既领略到了中华五千年传统文明，也看到了中国实现跨越式发展后的现代文明。进入新时代后，中国在习近平新时代中国特色社会主义思想的引领下逐渐来到世界舞台的中央，中国从走向世界到引领世界，两次奥运会十四年的时间跨度，北京冬奥会向世界展现出了一个更加自信、开放、包容的中国，展现了中国拥抱世界、共建人类命运共同体、与世界各国同舟共济、共同期待辉煌未来的大国形象[30]。

3 赓续新时代中美体育外交发展

中美体育交流史是中国当代外交工作、中国全面走向世界的一个历史缩影，通过五十年来中美体育外交的梳理，我们可以从中提炼出新时代推进中国特色大国外交和对美工作的历史经验，并得出中美体育交流的一些展望以及对中美关系未来发展的深刻启示。

第一，体育外交为国家整体战略服务。外交为国家发展服务，体育外交也具有相应的职责与义务。作为外交手段的一部分，体育外交在服务国家发展全局与整体战略中可以发挥与政府外交不同的功能与效果。2013 年以来，中国先后提出"一带一路"倡议、人类命运共同体等外交理念，这些理念成为中国推动人类社会可持续发展的全新思想成果。2021 年，为发挥体育在服务国家发展战略中的深刻作用，国家体育总局在《"十四五"体育发展规划》中提出要在大国外交和强国建设中积极主动贡献体育的力量，在体育对外交往中进一步提升我国体育国际影响力和话语权，提升体育对外交流层次和水平。我们要立足中国外交全局，重视体育外交在国家总体外交布局中的重要地位，推动中国特色体育外交发展，用体育服务国家重大外交战略和中美新型大国关系构建，用体育为国家总体外交营造良好的国际环境，要"主动发挥体育作为世界通用语言的独特作用，配合开展元首体育外交，深入参与政府间高级别人文交流机制，充分利用'一带一路''上合组织''金砖国家'等多边合作平台深化体育对外交流"[31]。

第二，重视体育外交在构建中美新型大国关系中的重要作用。作为世界上最重要的双边关系，中美合则两利，斗则俱伤，冲突、制裁、蓄意抹黑在历史上已经被证明是行不通的，这绝不是两国关系未来发展的首选路径。中国目前正处在全面崛起阶段，中美要避免所谓的"修昔底德陷阱"，需要两国人民高超的政治和外交智慧，反对零和博弈，合作才能共赢。十八大以来，中美积极寻求构建新型大国关系。2014 年 11 月，习近平主席在中央外事工作会议上指出："我们要坚持合作共赢，推动建立以合作共赢为核心的新型国际关系""要切实运筹好大国关系，构建健康稳定的大国关系框架"。这是中国第一次鲜明提出建立"新型国际关系"这一宏大构想，掷地有声地点出了新时期中国外交思想的指导原则，即"推动建立以合作共赢为核心的新型国际关系"[32]。而要构建中美新型大国关系，就必须有适当的抓手作为两国沟通与联系的纽带。人文交流已经与政治互信、经贸合作构成了中美关系的三大支柱，关系正常化五十多年来，中美在文化领域的交流起到了突出的增信释疑功能，体育作为两国人文交流中的一部分，为两国外交对话建立了沟通平台。新时代，体育以其文化特性和文化功能在构建中美新型大国关系中仍将扮演关键角色，在拉近两国人民距离，加强了解，组织沟通与对话，缓解危机等方面发挥积极作用。

第三，重视体育在构建人类命运共同体中的积极作用。党的十八大正式提出人类命运共同体理念，其意义就在于它摒弃了"小圈子"的割裂思想，没有站在某一个特定国家、特定种族、特定大洲的角度上看问题，而是把人类及其未来发展放在统一的维度下进行审视，思考全人类的生存与发展，强调人类是一个不分你我的有机整体，人类命运休戚与共，不可分割。人类命运共同体理念强调在国际关系中要以合作共赢为核心，弘扬平等互信、包容互鉴精神，共同维护国际公平正义。而在体育领域，奥林匹克的价值观是团结协作、相互尊重、平等交流、促进友谊、保持和平的集合，在这个价值观中，每当奥林匹克运动会召开之际，世界上所有敌对的国家、民族、运动员都应放下隔阂与对立，在五环旗下以体育的方式致力于和平和解，这正是人类命运共同体理念的一种深刻体现，而奥林匹克精神新加入的"更团结"的表述也正是与人类命运共同体理念的不谋而合。

2022 年北京冬奥会是体育推动构建人类命运共同体的生动实践，冬奥会的举办，习近平主席强调说，不仅可以增强我们实现中华民族伟大复兴的信心，而且有利于展示我们国家和民族推动构建人类命运共同体的坚定信念及阳光、富强、开放的良好形象，增进各国人民对中国的了解和认识[33]。冬奥会的口号"一起向未来"，其含义就在于呼吁全体人类在走向未来中要加强团结协作，展现了人类作为共同体在面对挑战时齐心协力、战胜困难、共创未来的信心与姿态。新时代，我们要以体育为手段，在对外交往中向世界展示一个拥有深厚文化积淀、包容开放、重视可持续发展、强调"生命至上"、致力于同其他国家团结起来为美好未来而奋斗的中国形象，向世界传播人类命运共同体理念所包含的价值追求[34]。

第四，让体育成为展示新时代中国自信、开放形象的有力载体。新征程上，我们正走在奔向中华民族伟大复兴，建成社会主义现代化强国、体育强国的努力奋斗中，为了实现这些目标，我们会承担更多的国际责任，需要塑造良好的国际形象，举办各项国际体育赛事，迎接世界各地运动员的到来。因此，对于集中承载了新时代中国人民自信、开放、包容的体育来说，其作为一张文化名片也就相应被赋予了更多的外交职责，我们要以体育为依托，在体育对外交往中展示新时代中国人民的自信开放、积极向上。

参考文献

[1] 国家体育总局.新中国体育 70 年[M].北京：人民出版社,2019.

[2] 曹薇,周昕怡."乒乓外交"50 年：试论新中国成立后乒乓球在体育外交中的作用[J].浙江体育科学,2021,43(06):7-11.

[3] 美国篮球队首次访问新中国[EB/OL].（2018-06-19）[2023-5-26].
　　https://www.sohu.com/a/236531164_505431.

[4] 孙葆丽.奥林匹克运动与中国[M].北京：大众文艺出版社，2000.

[5] 肖焕禹,倪京帅.体育文化交流对中美关系改善的作用及启示——基于中美建交 40 年的历史考察[J].武汉体育学院学报,2019,53(10):12-18.

[6] 李相如,宋雪莹.关于新中国体育外交的回顾与研究[J].体育科学,2003,23(01):26-31.

[7] 国家体育总局.新中国体育 70 年[M].北京：人民出版社,2019.

[8] 周溢潢,范景峰."女足外交"[J].世界知识,1999(15):30-32.

[9] 国家体育总局.新中国体育 70 年[M].北京：人民出版社,2019.

[10] 陶文钊.当代美国研究应关注个案问题[J].当代美国评论,2018,2(04):113-115.

[11] 胡羽,王创业,张德胜.近 30 年美国体育外交的历史演变及实践策略[J].北京体育大学报,2020,43(07):58-69.

[12] 祝莉,唐沛.中国体育外交六十年：回顾与展望[J].体育文化导刊,2009(12):140-145.

[13] 国家体育总局.新中国体育 70 年[M].北京：人民出版社,2019.

[14] 人民日报.体育交流润泽中美友谊[EB/OL].（2017-10-13）[2023-03-25]. http://news.china.com.cn/2017-10/13/content_41727103.htm.

[15] 陶文钊.当代美国研究应关注个案问题[J].当代美国评论,2018,2(04):113-115.

[16] 华盛顿奇才队三十年后再度访华 篮球外交见证中美关系发展[EB/OL].（2009-08-30）[2023-05-30]. http://zqb.cyol.com/content/2009-08/30/content_2828226.htm.

[17] 非凡十年｜体育对外交往为全球体育治理贡献更多智慧和力量[EB/OL].（2022-09-26）[2023-05-01]. http://www.new-sports.cn/jingti/202209/t20220926_166597.html.

[18] 苟仲文.新中国体育 70 年[N].中国体育报，2019-09-24（01）.

[19] 中美"乒乓外交"："小球"是如何转动"大球"的？ [EB/OL]（2019-09-29）[2023-06-22]. https://mp.weixin.qq.com/s/H4knWgGukDpS0ZVs7rTYEQ.

[20] 习近平出席中美"乒乓外交"四十周年纪念活动 [EB/OL].（2011-12-08）[2023-06-22]. https://www.gov.cn/jrzg/2011-12/08/content_2015394.htm.

[21] 人民日报.中美"乒乓外交"五十周年纪念活动举行[EB/OL].（2021-11-26）[2023-03-21]. http://world.people.com.cn/n1/2021/1126/c1002-32292276.html.

[22] 秦刚大使在尼克松访华 50 周年纪念活动上的主旨演讲[EB/OL].（2022-02-25）[2023-06-16]. http://us.china-embassy.gov.cn/dshd/202202/t20220225_10645529.htm.

[23] 人民日报.体育交流润泽中美友谊[EB/OL].（2017-10-13）[2023-03-25].http://news.china.com.cn/2017-10/13/content_41727103.htm.

[24] 美国雪车选手点赞北京冬奥 [EB/OL].（2022-02-10）[2023-05-25]. http://us.china-embassy.gov.cn/zt_1/2022bjdah/dahxw/202202/t20220210_10640696.htm.

[25] 加强中美体育人文交流符合双方共同利益 [EB/OL].（2022-03-23）[2023-06-22]. http://www.news.cn/2022-03/23/c_1128496602.htm.

[26] 以奥林匹克之名，续写中美体育交流佳话 [EB/OL].（2022-02-17）[2023-05-25]. http://epaper.bjnews.com.cn/html/2022-02/17/content_814794.htm?div=-1.

[27] 中国驻美大使馆.在冬奥精神启迪下一起向未来[EB/OL].（2022-02-21）[2023-05-26]. http://us.china-embassy.gov.cn/dshd/202202/t20220222_10644259.htm.

[28] 夏莉萍.人类命运共同体视域下的体育外交与冬奥会[J].当代世界,2022(02):15-20.

[29] 超越了胜负的比赛："乒乓外交"45 周年，中国代表团再访美[EB/OL].（2017-09-29）[2023-06-05]. https://www.thepaper.cn/newsDetail_forward_1799667.

[30] 孙海潮.从 2008 年和 2022 年两届奥运会看中国国际影响力的变化[J].公共外交季刊,2022(01):32-41+127.

[31] 国家体育总局."十四五"体育发展规划 [EB/OL].(2021-10-25) [2023-6-10]. https://www.sport.gov.cn/zfs/n4977/c23655706/content.html.

[32] 阮宗泽.构建新型国际关系:超越历史 赢得未来[J].国际问题研究,2015(02):16-30+142.

[33] 光明日报.冰雪襟怀映照人类命运——北京冬奥会的世界意义[EB/OL].（2022-02-03）[2023-06-21].https://epaper.gmw.cn/gmrb/html/2022-02/03/nw.D110000gmrb_20220203_3-02.htm.

[34] 夏莉萍.人类命运共同体视域下的体育外交与冬奥会[J].当代世界,2022(02):15-20.

Historical Review and Experience of Sports Diplomacy between China and the United States since the Normalization of Relation

Abstract

Since the normalization of relations in 1972, Sino -US diplomacy has gone through more than 50 years, and Sino - US sports exchanges have also experienced ups and downs for half a century. Sports diplomacy has opened the door to the normalization of Sino-US relations and has always played a key role in the subsequent diplomatic process, becoming a mutually cherished means of communication between the two countries. This article examines the sports diplomacy between China and the United States since the normalization of relations from a diachronic perspective, and summarizes China's historical experience in sports exchanges between the two countries based on the development process. Through experience and inspiration, we can better play the profound role of sports diplomacy in serving the overall situation and development of national diplomacy, promote the construction of a new type of major country relationship between China and the United States, and provide references for the development of China's sports diplomacy in the new era.

Keywords：Sino-US sports diplomacy; looking back on history; summarizing experience

体育名人口述史：陈士麟：我的皮划艇生涯

李 磊[1]

1 陕西师范大学西北历史环境与经济社会发展研究院，陕西西安，710100；

采访时间： 2022 年 6 月 27 日上午
采访地点： 长宁区剑河路寓所
访谈对象： 陈士麟
采访者： 袁念琪、李东鹏、李磊等
整理者： 李磊
整理者按： 陈士麟，男，1935 年出生，新中国首批赛艇运动员、曾任上海赛艇队教练员、市水上运动场副场长。毕业于上海海洋大学 1959 届海洋渔捞科，先后荣获 1957 年全国第一届划船锦标赛男子八人赛艇冠军、1958 年全国第二届划船锦标赛男子双人单桨有舵手冠军、1959 年全国第一届运动会男子双人单桨有舵手冠军等。后任上海赛艇队、国家男子赛艇队主教练，在 48 年的教练生涯中，他培养出多名全国冠军和亚洲冠军，在中国最高形式的比赛中获得单项金牌 60 多枚。

一、投身赛艇运动之初

袁念琪：你是什么时候报考上海水产学院？

陈士麟：我是在初中毕业以后，我考了上海水产学院的附属中专技校。后来三年毕业以后，报考了水产学院。本来我报考外国语学院的，后来碰到个老师，老师讲"你报考那个干吗？那个翻译有什么意思？这个海洋多好？"后来我就改了水产学院，一直到毕业，毕业以后就留校做机械教研组助教，那是八月份。等全运会结束以后，关系就转到上海体工队来了。来的时候，校长找我谈话，他说，"小陈，体育局要你去，你去不去？"当时我就想服从组织分配，我就说"党叫干啥就干啥。"1959 年 12 月，关系给转过去了。学校对我很关心，那个时候给我 37 斤粮票，学校就 30 斤一个人，我却有 37 斤，所以对我是很大的支持。

袁念琪：你在学校里读书的时候，是几年级开始参加划船运动的？你那时候怎么会对划船感兴趣？

陈士麟：我是大二开始划船运动的，当时上海赛艇队面向各个大学招生，有同济、有复旦，第一医学院，还有我们水产学院。我一看，这种船好像还没有看到过，尖尖的长长的，就这样去报名学习了。一个礼拜三次训练。在黄埔游泳池，外白渡桥底下有个码头，就在那边训练。我骑自行车过去，训练完了再骑回来，到学校里吃晚饭。那个时候还没有高校队，就是大家在集训队一起训练。到 1957 年就参加了全国七城市[2]的锦标赛。我参加八人艇，拿了冠军。当时感觉很兴奋，从来没有拿过这个冠军。我拿了冠军，学校里也很重视。后来到 1958 年的时候，又选拔了一下，参加了 1958 年的全国锦标赛。1958 年全部锦标赛结束，就组织了第一届全运会的队伍。1958 年的时候我划双人艇了，我跟吴怀艺两个人，他

---

[1] 第一作者简介：李磊（1983-），男，上海人，上海音像资料馆馆员，研究方向：影像史、城市史，E-mail：lilei.n@163.com。

[2] 1957 年 8 月，在划船俱乐部江面举办了第一届全市划船锦标赛，有 256 人参赛，经比赛，选拔组成市代表队，参加 11 月在武汉举行的七城市划船锦标赛。在七城市比赛中，上海队囊括了除女子四人艇外全部 7 个项目的冠军。

是上海交大的。我们两个人身高差不多，素质也差不多，就把我们两个人组织起来了。谁知道 1958 年就拿了冠军，创出了成绩。当时还评为全国青年社会主义建设积极分子，团中央送了大红旗。这样就好像感觉到对划船训练增加了一些认识。当时划船俱乐部成立的时候，我还没想法说今后终身从事划船工作了，后来参加了这个运动以后，逐步加深了对这个运动项目的认识，后来还迎接了罗马尼亚到中国来访问的比赛[1]。在参加了第一届全运会，又拿了冠军以后，基本就明确要从事这项工作了。

图 1. 陈士麟，前国家男子赛艇队主教练

袁念琪：那个时候，划船教练教点什么东西呢？

陈士麟：也不能说他们教什么东西，就是下去跟着划桨，跟着他们划。他们怎么做，你就跟着怎么做？技巧是有的，但他们也说不出来。为什么？他们本身是没有人教的。教他们的是谁呢？是英国的，管船只的一个工人，也不是运动员，就教他们。他们照样子就这样划了。反正这是周期性运动，像跑步一样，跑步要教多少呢？不教也会跑，教了也跑。他就是这样一个水平。

图 2. 1959 年，陈士麟（左一）、廖崇先、吴怀艺在第一届全运会上获得男子双人单桨有舵手冠军

二、第一届全运会往事

袁念琪：苏州河，外白渡桥下面划船俱乐部，你当时备战第一届全运会就是在那个地方？

---

[1] 1959 年 11 月罗马尼亚队访沪，与上海等地的选手在划船俱乐部江面上进行了友谊赛。

陈士麟：对。

袁念琪：你能够给我们介绍一下当时怎么备战的？

陈士麟：第一届全运会的话，那个时候我们集训，领队叫张玉顺，是体委派下来的，担任领队工作。那个时候准备参加全运会主要目的，全部是拿金牌，为上海争光。上面的领导是谁呢？叫周兆昆，体委主任，很关心的。当时领队是他，教练员我跟程骏迪两个人。我们两个人也都是运动员，他划单人艇，我跟吴怀艺划双人艇，我们两个都拿了冠军。1958 年拿了冠军，1959 年全运会的时候也拿了冠军[1]。

袁念琪：那个时候，备战的时候训练量大不大？

陈士麟：训练量应该说比较大的。

袁念琪：就在苏州河？

陈士麟：不在苏州河训练，在黄浦江训练。我们向上划。闵行发电厂一直往上去。

袁念琪：每天要几个来回？

陈士麟：上午一个来回。

袁念琪：一个上午？

陈士麟：嗯，到闵行。

袁念琪：下午再来？

陈士麟：嗯，划过来再划过去。我们两条艇一块儿的。

袁念琪：划过去路程也蛮长？

陈士麟：嗯，基本上要两个小时。两个小时不停的。要两个小时，停一停，两个半小时，整个训练。

袁念琪：划到闵行再从闵行划回来。那么下午还训练吗？

陈士麟：下午也训练。

袁念琪：再去再回来？

陈士麟：嗯。

袁念琪：你第一次参加全国比赛紧不紧张？

陈士麟：第一次参加全国比赛，是大家一起的集体项目，大家都在一起，说说笑笑的，基本上还可以。当时我们比赛的时候，我这个项目预赛、复赛下来，我们输给了黑龙江，一秒钟。输了一秒，不是同一组的。怎么计时，我们不管，反正我们输了一秒钟。但是决赛的时候，我们比较善于动脑子，一出发的时候，我们后面五条艇盯着我们，我们在最前面。那个时候有江苏、山东、八一、还有福建，几个队都盯在我们后头，想追赶我们。划到最后还有三百米的时候，我扭头一看，吓了我一跳，黑龙江在我们前面。他们在第一道，我在第五道。中间隔开来有七、八十公尺。我光注意眼前的，没有注意那边的。现在看到了，我就和我的队手（吴怀艺）讲，"我们冲刺了，提前冲刺。"好了，我们就冲刺。冲刺以后，他们还没有觉得。他们离开我们远，但是我们先看到他们了，我们冲刺以后，他们才发现我们。他们再开始冲，这时候我们已经到了。好了。这个冠军就有了。实际上他素质比我们好。他们的能力也比我们强。我们这样就拿了全国冠军，他们懊恼死了。他们说"我们回头看你们，你们已经到了。"我说"你早点看嘛，我就是提早看的他。"当时除了黑龙江以外其他几条艇都在我后头，我一点不担心，回头一看还有那么远的，现在我们先冲刺，好了，就把他们打乱了。就这样我们这个项目赢了 3 秒钟，

---

[1] 1959 年第一届全国运动会，划船被列为正式比赛项目。全国有 19 个省市和解放军队参加，上海队囊括了男子全部项目和女子单人艇金牌。

其他项目都是 1 秒钟，零点几秒。

袁念琪：其他的都是险胜？

陈士麟：险胜，我们还好，赢了 3 秒钟，蛮好。

袁念琪：你双人拿过冠军，四人呢？

陈士麟：四人没拿过。

袁念琪：还有个是单人？

陈士麟：单人艇。那个时候还在黄浦江上比赛单人艇。我实际上还拿过一次教练员的单人艇比赛冠军。那个时候学习部队里的，教练员也要下去练，教练员之间比赛。运动员比赛完了，教练员下去比赛，比赛什么艇呢？单人艇。我拿过一次全国冠军，就比过一次，拿过单人艇全国冠军。其他情况下，我都是参加双人、八人比赛。1963 年的时候，我拿了一次单人艇的冠军。实际上我那个时候已经做了两年多教练了。比赛的时候非要叫我上去。运动员提名要我上去。

袁念琪：你平时训练吗？

陈士麟：平时我又不练的，要我上去。顶 2 号桨位置。为什么？因为 2 号桨那个是新手，人是蛮高的，1 米 90 多，其他队员都不信他，非要叫我上去。好，那我就上去了。后来又拿冠军了。我一共拿了四届。

袁念琪：你几个项目都拿冠军，你觉得哪个项目比较擅长？

陈士麟：双人单桨，双单。双单这个项目也是在所有划船里边最重的。为什么？它有舵手，两个人一人分担 25 公斤。其他项目，八人艇的话，100 斤的话，大家分散了，负担不了多少。所以，这个项目速度是最慢，但是负重也最高。所以双单还是比较难，现在这个项目没有了。

袁念琪：双人没有了？

陈士麟：双人有的，有舵手的没有了。

袁念琪：你当时参加双人有舵手的比赛，好像换过一个搭档的？为什么？

陈士麟：换过舵手。是全运会的时候，有三个因素，一个文化水平比较低。第二个业务能力比较差，欠缺动脑子。第三个，各方面比较，不太协调。舵手的工作，当时都不被重视。为什么？你坐在上面，光叫 1、2、1，又不要划，都是我们出力。拿金牌你也是一个，我们也是一个。对不对？但是你平时的工作方面应该跟桨手协调好，要开动脑筋，怎么样鼓励桨手、最后冲刺怎么样，这个他都不管的。实际上这个冲刺不冲刺，都是战术。我是二号桨，都是在我掌握之中的。什么时候冲刺，整个桨频的速度多少。一分钟还是 32 次，还是一分钟 34 次。冲刺桨速还是 38 次、40 次。这个全部在我掌握之中，他那个时候都不管的。所以后来想想，就换了廖忠宪，他现在也蛮好，在福州人民医院当外科主任。

袁念琪：你在大学里面开始爱上了划船，那个时候学校在哪里？军工路？

陈士麟：军工路，对。

袁念琪：你每个星期要训练三次，对你上课有影响吗？

陈士麟：没有影响，下午基本上没有什么课，主要是上午。从军工路骑自行车骑到外白渡桥，要三十多分钟，那边人很少。

袁念琪：功课倒没有什么影响？

陈士麟：功课没有什么影响。

袁念琪：家里支持你吗？你读书的时候划船，家里支持你吗？

陈士麟：家里嘛，后来支持了。因为后来有成绩了嘛，拿到冠军了，家长很奇怪，居然拿到全国冠军，学校里也很重视。后来，第二次又拿冠军，第三次又拿冠军。那么就这样，家里也就支持了。

袁念琪：本来呢？

陈士麟：本来家里不知道，我们也不讲的，我们在外面嘛，我家里就住在长宁区，就在天山路过去。

袁念琪：那么你到学校要横穿上海了？

陈士麟：横穿上海。

袁念琪：你训练体力消耗很大，学校、运动队有补贴吗？

陈士麟：平常的时候不回来，周六、周天都训练，平常一周三次，下课以后骑自行车过去训练，训练好了再骑回去吃饭，吃好晚饭，晚自修再看书。开头的时候什么补贴都没有，后来有了。那时候没有什么奖金，五届全运会，我们十块金牌，应该拿多少奖金？结果，给我 319 块，当时规定整个项目奖金加起来不能超过 320 块，扣了 1 块钱。我记得清清楚楚。

袁念琪：第一届全运会的时候有奖金吗？

陈士麟：第一届全运会上面没有，我记忆中好像没有拿到什么钱。那个时候不讲奖金。五届全运会开始有奖金了。以后都有奖金了，一点点加的，后来分房子什么的。当然了，领导给我这方面关心比较多。我房子分了三房一厅，我算多的了。分在虹口区，市少体校后面，水电路那边。

三、翻译、撰写赛艇类书籍

袁念琪：比赛的时候有没有什么战术安排？

陈士麟：战术有的，这个是有安排的。因为自己学习了以后，感觉到，划船它本身是个周期性的运动，跟跑步一样，就是在二千米里面反复做一个动作，出发以后就这样划了。照理说技术性很强，但我们那个时候也不懂。1958 年的时候有波兰专家，波兰的一个单人艇冠军，到我们这儿来讲课，国家体委举办了一个全国教练培训班，大概三个月的课。但是他讲的，有些是基础教育，最基础的学习和练习，其他方面没有什么东西。真正了解划船的话，还是在 1959 年以后，我拿到了一本俄语书稿。

图 3. 陈士麟入选上海市划船队后训练场景

袁念琪：俄国的？

陈士麟：是的，俄语的书，叫《赛艇》。我一看这本书很好，很有价值，但是它里面有高等数学的微分、积分，来分析基础动作，到这个程度了。我看了以后就感觉到很受启发。所以第一次翻译，我就翻译了这本《赛艇》。其实我外语一点不好的。我在初中的时候，二年级，老师给我画那么大个鸭蛋。我拿

着这个鸭蛋给老师看，我说，"何老师，这个什么东西，这么大一个圆圈圈？""零分，给我记牢。""哦哦，记牢、记牢。"那时候初中二年级，要玩。后来到了高中以后，选我做外语科代表，那我就一直做下去。到大学里面又是外语课代表，就这样七年的学习，自己感觉到有进步了。

我自己总结翻译这本书需要三样基本条件。第一要懂得俄语知识；第二你要懂得中国的语文；第三你要有专业的知识。你没有专业知识你怎么翻译？就好像如果我是划船的，你叫我翻译医学的，我就翻译不出来。有些单词没法弄。我正好会划船，那我就说这本书我来翻了。开头先翻了一本，大概二十万字吧。后来再翻译了《皮划艇》。皮艇我自己不会划，怎么办呢？我就下去学。划了以后还不行，感觉还不够。我就招生、培训，开训练班，培养学生。当时我培养的，一个是外贸学院的大学生，一个是上海师范大学的学生，一个叫朱文英，一个叫温成兴。自己边看书边教学，逐步深入。这样两、三年下来，自己也会划了，有感受了。那就可以动手翻译了。这个翻译过程相当艰苦。怎么艰苦呢？有很多词不认识。我问人家苏联留学生，就是到苏联去留学的教练，问他这个什么词，他也不知道。为什么？他搞田径的，你叫他翻译划船，他肯定也不行。我再到体管所去，请教两个老教授，他们也不熟悉这个项目。

袁念琪：专业名词？

陈士麟：俄语名词，有些教练俄语也行的。但是他不熟悉赛艇这个专业。我举个例子，很简单的词，银行，一般银行叫 bank，很简单，沙俄期的划船叫 bank，你到哪里去找它？后来我翻了一本这么大的俄文大字典。所以说，翻译里面，除了俄语的知识以外，一定要懂得专业知识，这样才可以翻译。所以说，翻译过程中，学习过程中，创办了这个项目。体委领导支持我，帮我解决好多问题。

这本书哪里来的呢？上海体院图书馆里借的。当时有些书下架了，图书馆说现在没有借了，都在房间里。我一开门，堆得像小山那么高，他说，"你自己捡，你要多少你自己捡。"我就在里面翻，找到了一些有用的书。

袁念琪：这些书你翻译了以后，作为教材，有没有出版的？

陈士麟：那个时候没有出版。主要是作为教材用。现在，大部分是可以用的，有的是不能用的。为什么不能用？太深了，微分、积分，你现在叫运动员看，谁懂微分、积分？后来我另外写了一篇关于赛艇为什么会分轻量级跟重量级？这个道理在哪里？这个原理是怎么样？我以题目《体重与级别的关系》，写了一篇文章，这一篇文章登了。后来我又写了一本《体育手册》，后来大家开始学习的时候都按照这上面来了。

所以翻译的东西不是说都能用，翻译有些东西深了没法用。所以，好像皮艇，是从我这里一步一步开始的，从翻译、自己学习、再办训练班、然后再翻译这样起来的。

袁念琪：你还写了一本《上海的赛艇史》。怎么会想到写《上海的赛艇史》的？

陈士麟：因为我搞这个项目，可以涉及赛艇的历史。比方说，过去翻译的书籍里面都写有自己的发展史，苏联也有苏联的发展史，大家情况不一样。

四、仿造第一条皮艇

陈士麟：1997 年春节，来了四个运动员，她们已经 63 岁了，女孩子，来看我，我们拍了照片。她们就是 1973 年恢复划船俱乐部后，我招收的第一批运动员。培养的时候就在长风公园。国家体委看到了，就用我们组织了国家队，参加第十二届世界皮划艇锦标赛，在南斯拉夫，贝尔格莱德。到了南斯拉夫首都贝尔格莱德的比赛地点，墙上挂了很多船。运动员一看，说："陈教练，你看我们的船都在墙上。"

我说："怎么，我们的船怎么都在墙上了呢？"他说"：你看我们的船人家作为标本吊在墙上。"后来我一看，确实是这样。说明当时我们落后，我们用的船人家早已经不用了，十多年都不用了，我们还以为自己用的是新的呢。

当时女子有三个项目，单人的、双人的、四人的。我们整个队只有四个人，全部报名参加。参加的目的，倒不是去拿冠军什么的。我们要用他的船。用他的船干什么呢？当然比赛是用他的船。更重要的是我把它们拿来，白天我就用尺把它量下来，整个船量下来。量下来以后，晚上我就给它制成图。我本来就是制图这个专业，我是机械教研组助教嘛，这个方面我比较熟悉。量好尺寸以后，单人、双人、四人皮艇，整套图纸都拿下来了。等我们比赛完了，我就带回来给上体三厂，造了第一条四人皮艇。

袁念琪：也是中国第一条了？

陈士麟：是的，中国自己造的第一条。

袁念琪：那次比赛成绩大概一般？

陈士麟：比赛成绩一般。

袁念琪：第几名？

陈士麟：输给墨西哥队，大概第四、第五名。

袁念琪：还可以。

陈士麟：所以后来这批人也都成为我们上海队以后的基础。有的是上海队教练，田径队教练，1973年就参加比赛了。我们1973年刚刚成立。在这种情况下，我想我们用赛艇去比不行，干脆就用皮艇。因为皮艇方面我比较熟，后来拿了第一。单人冠军、双人冠军都拿了。后来组成国家队，我们上海队四个人全部去，组织了国家队。就是打下了这个基础。

袁念琪：你到国家队当教练也是带皮艇？

陈士麟：我第一次当国家队教练是在三届全运会以后，赛艇，我带男子队。

袁念琪：除了赛艇，你皮划艇带过吗？

陈士麟：皮划艇不带，一直带赛艇。因为什么？当时皮划艇还是业余的。后来再转为专门的。上海市队成立了，那么就可以了。

袁念琪：你不但是新中国第一代的赛艇运动员，也是第一代赛艇的制造者，造赛艇的。

陈士麟：嗯，怎么办？把它弄回来。跟我业务也匹配，我读过制图的。

袁念琪：原来你大学的时候是渔贸专业的，后来怎么变成机械专业？

陈士麟：渔贸专业里面要学造船，造船就要制图。都要学的，学航海、学气象、学鱼类、学各种东西的制图，学外语，都要学的。比方外滩码头，码头进来一定要钉子靠码头，不好绳子靠码头，绳子靠码头违反规则，靠不拢，一定要钉子靠码头，各种学科都要学。那么我读的东西正好跟这个对口。

袁念琪：就是说你大学里面学的很多知识，对你从事划船运动很有帮助的？

陈士麟：是，都有帮助。你船怎么航行，我怎么样避开，他船过来怎么过来的，我往哪里走安全，这个是船艺，有这个专门一课的。你造船、水流、流体，流体力学什么这些东西，都有帮助的。还有力学，各种的分析。所以，对后来的翻译工作什么的，帮助也蛮大的。

五、七、八十年代赛艇运动的发展

袁念琪：最开始训练是不是很辛苦？是住在上海中学？在黄浦江里训练？

陈士麟：对的。黄浦江可以训练。就像马路上开公交车，但是我骑自行车不是一样骑？我们是 1973 年的时候，就住到那里去了。上海中学男孩子住在哪里？住在厕所里。找几块木板，厕所不是一格一格的嘛，搭在上面睡觉。给了一个房间，双人床，挤满了。多下来的人都睡在那里面。我们教练一个小房间，就这么小一个，两个床。每天训练怎么办呢？走过去，走到泰山耐火材料厂，翻墙头过去，到码头。

袁念琪：在港口那边？

陈士麟：嗯，不好过去。那边墙都砌起来了。我们从人家那个厂里面爬过去，在那边训练。当时是这样的，很辛苦，但是我们培养了第一批的运动员。后来成立了划船少体校，给少体校训练用的。这个地方撤销了以后，我们主要精力还是放在龙华¹，因为专业队在那边，我负责专业队的。所以那边少体校训练是一批人。后来也补充到市队来了。我跟程骏迪²就负责这边，专业队的训练。

袁念琪：后来全运会拿了好成绩。

陈士麟：嗯，就从这个时候开始。

袁念琪：陈老师，七、八十年代，苏州河、黄浦江水据说发黑发臭，这对你们训练有影响吗？

陈士麟：是这样的。当时的时候，影响不大，涨潮水上来的时候，是没有影响的。退潮以后，苏州河里面来的水才是黑的。涨潮以后，黄浦江进来的水是黄的。所以，涨潮的时候问题不大。后来我们到港口划船俱乐部去训练了，那边水质就更好一些。

袁念琪：基本上都在黄浦江训练？

陈士麟：都在黄浦江里训练，苏州河不进去的。后来在黄浦江训练，就是在外白渡桥，出了桥洞，右手拐弯到十六铺，十六铺这边，再下去江南造船厂，周家渡这里。有的时候，向东，到杨树浦发电厂这里再弯过来。

袁念琪：那个时候黄浦江的水质还好，后来也不行了。否则那时候你们也不能到淀山湖去了³。

陈士麟：对，后来水质不行了。但是现在这个地方干净多了。苏州河治理以后很好了，我平常训练，锻炼身体也在那个地方，很好的。

袁念琪：你划船的时候，苏州河、黄浦江，有没有上海人自己玩划船的？

陈士麟：没有，因为什么？没有安全性。因为单人艇上去要翻的，皮艇上去就翻，不管你会划，不会划，上去就翻。我翻了不知道多少次。要学习方法，怎么教他不翻。我们现在的皮划艇水平，在世界锦标赛上，就是现在，四人艇拿了冠军，赛艇、滑艇拿了第二名，现在我们国家水平上去了。

六、教练生涯与感悟

袁念琪：陈老师，你觉得划船运动员条件，什么样的是比较理想的？他对身材、分量是不是有讲究？

陈士麟：有讲究的，是这样的，赛艇里面分重量级跟轻量级。重量级就是 75 公斤以上，随便你多高，

---

¹ 1956 年 3 月，国家体委决定在上海、武汉、广州建立划船俱乐部，上海选定龙华港口镇为建部地址。俱乐部于 1958 年初竣工，在当年 5 月 4 日举行的开幕式上，上海与杭州队进行了友谊赛。

² 程骏迪，1933 年出生，新中国首批赛艇运动员。曾任上海赛艇队和国家赛艇队教练。作为中国赛艇队教练率队参加了 1984 年第二十三届夏季奥运会赛艇比赛。

³ 进入 80 年代，黄浦江交通日趋频繁，已无法进行正常的赛艇训练，加上第五届全运会将在上海举行，迫切需要建造现代化的水上运动场地。为此，国家决定在淀山湖畔建造上海水上运动场。在新场建成之前，市赛艇队一直借用郊县河网地带的临时场地进行训练，1978~1980 年在嘉定县浏河，1981~1983 年 8 月 15 日前于南汇县的大治河，条件虽然艰苦，运动水平仍上升较快，1981 和 1982 年的全国锦标赛上海队保持了 5 项冠军。

多重都可以。但是轻量级不能超过 75 公斤。就是 72.5，不能超过 72.5。单人艇可以 75，其他的多人艇不能超过 72.5，就是说体重要轻一些。轻嘛，身高都变了。比方说，一个将近 1 米 95，一个就是 1 米 73、1 米 74、1 米 8 左右，这样的体重。他是这样分的。

袁念琪：男女都是通用这个标准？

陈士麟：不一样的。女的要轻一些，是 52.5 公斤。还有舵手也轻一点，100 斤以下。他这样的，轻量级对我们上海来讲也比较适合的，女孩子总归身高基本上 1 米 65，后来 1 米 7 以内，体重 55 公斤以下，这个都可以。

袁念琪：苏联的教练，这是改革开放以后来的？

陈士麟：改革开放以后来的。

袁念琪：早期，五、六十年代的时候有没有外国教练？

陈士麟：没有，早期没有的。都是后面来的。1975 年的 5 月份我带男子队，我再带皮艇。曾经有四个运动员，苏联专家带过，说他们不行，没有发展前途，要分配工作。他们家长不同意，他们觉得孩子已经在这里训练了两三年，你说退回来就退回来？书也没有读成，退回来怎么办？后来想出个主意来，叫我去带他们，还给我一句话，"你带两个礼拜就叫他跑路。"因为我是国家级教练，国家级教练也说你不行，你还有什么用处？这下事情到我身上。哪里知道我也不服气，我就说，我恰恰相反，这几个小朋友，我说他们行的，三个月我就拿冠军，拿不到冠军，我跑路。他们听到这话都呆掉了。因为当时训练用船也没有给我，什么东西也没有的，我居然还说三个月要拿冠军，拿不到冠军我跑路。他们觉得"你现在搞大了"。我说："不是搞大了，是行的。拿不着冠军我跑路，讲得清清爽爽。"后来就给了我船。三个月以后，正好是全国青年锦标赛，他们都拿了冠军。拿冠军就要留下来，留下来参加全国比赛，参加成人组比赛了。成人组又拿了第二名。现在叫他们走就不好意思了，人家成绩好了，上来了。后来体育局又决定，你这个队伍跟上海市队比赛，叫我跟他们比赛，谁赢，谁代表上海市参加第七届全运会。我这里都是小朋友，业余的。你这个是专业的，你们队有十二个人，我总共只有四个人，还有两个小孩，十六岁，怎么好比赛。他们打打青年赛可以的。你打个成人组，参加全运会怎么行呢？开玩笑。但是他们要比赛，体育局决定，谁好谁参加全运会，来个公平竞争。好了。五个月以后，就在淀山湖，比赛开始。结果我们连赢三场。体工队、县队伍都输给我，双人艇我拿第一名，他们也统统输给我们。他们输了我心里还不大好意思，他们一线队伍都不练了，统统跑光，全部分配掉。就留下我下面两个大的，两个小的，要我们参加全运会。那么我也只好去参加全运会了。这些小朋友都转正了。我得出了个结论，这句话好像不大好听：没有偷懒的运动员，只有偷懒的教练员。你要跟运动员讲，要有自觉性，他们能提高。我们就这样一个协议：三个月，青年比赛拿冠军，拿不到冠军大家解散，我不怪你们，只怪我，我没有本事让你们达到冠军。两个捣蛋鬼后来训练得十分认真。一个半月提高四十秒十公里。他们自己还怀疑呢，问："陈教练，这个是真的假的？"这个船是你们自己划的，你问我真的假的？动作是你们自己拉的，做的，对不对？好了，他们信心都足了，也不调皮捣蛋了，训练老卖力了，你怎么讲就怎么练，一点不打折扣。最后拿到全国冠军。就是这样的一个过程。

我刚刚讲这个插曲。讲教练员你要动脑筋，你要给运动员做思想工作，启发他训练的自觉性。运动员只要看到有成绩，他肯定努力的，你没有成绩，训练几年了什么东西没有，有什么用处呢？对不对？所以说，我带了泰国运动员，他们训练了三个月不到，两个多月，参加东亚运动会。开头是第九名、第十名，后来拿了两个冠军。后来他们领队来跟我讲，他说："陈教练，这几个小丫头很调皮的，怎么听

你的话的？"我说："你只要给她训练，她进步了，她就肯定开心的。"拿了冠军以后，开心得一塌糊涂。冬天给我结羊毛衫了。那时候我住在虹口区，这么大的箱子，箱子里什么东西？里面是吉祥物，一只猴子，吉祥物也给我寄了来。你只要让他提高成绩，进步了。那么人家当然开心的。有些运动员夜里爬墙头，轻量级的运动员到厨房里偷肉吃，吃到体重上来，没办法减了。你叫他怎么出成绩？他没有这个压力，他也出不了成绩。

图 4. 陈士麟与小队员们合影

袁念琪：你是哪一年退下来的？

陈士麟：1996 年。我 1935 年的。1996 年退下来，退下来一直在队里面。

袁念琪：你带的学生，带的运动员，到现在比较有印象的有多少？

陈士麟：三、四十个也不止，我游泳里面还有两个。

袁念琪：游泳你也带？

陈士麟：游泳我也带的。小的时候他们都小呢，八、九岁我都带的。游泳我带过郑健[1]，亚洲冠军。我儿子也是全国冠军。后来国家体委叫我去巴基斯坦去，作为外援去了巴基斯坦。又带了泰国队，又带了台湾队。我成立了一个基金会，大概五十万，一点点，五十万，工人、穷困学生去读书，开展我们的水上运动，一个基金会。

图 5. 2022 年 7 月，陈士麟捐赠 50 万元成立上海海洋大学水上运动发展基金

---

[1] 郑健，1984 年汉城游泳亚锦赛 100 米蝶泳冠军。

袁念琪：陈老师，国家体委要把您的哪些书送给全国教练员？

陈士麟：就是两本。一本是《皮划艇运动》，还有一本是《赛艇运动》。

袁念琪：谢谢陈老师。

图 6. 2020 年 6 月 30 日，中国赛艇协会秘书长万红军向水上运动元老陈士麟等三人颁发荣誉证书，授予他们突出贡献奖，以感谢他们为中国的皮划赛艇运动做出的历史性贡献。

Oral History of Sports Celebrities - Chen Shilin: My Canoeing Career

Interview time: June 27, 2022

Interview location: Jianhe Road Apartment, Changning District

Interviewee: Chen Shilin

Interviewers: Yuan Nianqi, Li Dongpeng, Li Lei, etc

Organized by: Li Lei

Editor's note: Chen Shilin, male, born in 1935, is one of the first rowing athletes in New China. He previously served as a coach for the Shanghai Rowing Team and the deputy director of the municipal water sports field. Chen graduated from the Marine Fisheries Department of Shanghai Ocean University in 1959, and successively won the men's eight-person rowing championship at the first National Rowing Championships in 1957, the men's double sculls with helmsman championship at the second National Rowing Championships in 1958, and the men's double sculls with helmsman championship at the first National Games in 1959. He later served as head coach of Shanghai Rowing Team and the National Men's Rowing Team. During his 48-year coaching career, he cultivated multiple national and Asian champions, and won over 60 individual gold medals in the highest form of domestic competitions.

中国特色体育哲学社会科学话语体系：目标指向、构建原则与形成路径

王小凡[1]，尹博文[2]，邰 峰[3]
1 辽宁中医药大学体育部，辽宁 沈阳，116600
2 沈阳市虹桥初级中学，辽宁 沈阳，110035
3 辽宁师范大学体育学院，辽宁 大连，116029

摘 要： 文章采用文献资料法，逻辑推理法等，探究中国特色体育哲学社会科学话语体系的目标指向、构建原则与形成路径。研究认为：中国特色体育哲学社会科学话语体系的目标指向：特色体育思想理论的深刻阐释、不同体育文化资源的融通创新、体育重大时代问题的深度把握。构建原则：牢记"一个目标"，赋予话语体系时代性与战略性；把握"两个层面"，兼顾话语体系客观性与普遍性；考虑"三个关系"，强调话语体系科学性与程序性；遵循"四个统一"，体现话语体系整体性与完整性。形成路径：从我国体育的伟大实践中凝练关键问题；体育政治话语与学术话语进行有机结合；注重原创性体育理论与知识的概括提炼；借鉴国内外优秀的文化成果与历史经验；针对全人类体育共性问题主动设置议题；增强体育哲学社会科学话语的对外传播。

关键词： 话语权；话语体系；体育哲学社会科学；目标指向；构建原则；形成路径

党的十八大以来，以习近平同志为核心的党中央多次提出加强哲学社会科学话语体系建设，构建具有中国特色、中国风格与中国气派的学科体系、学术体系、话语体系，不断增强国际话语权，让全世界都能听到听清听懂中国声音[1]。加强哲学社会科学话语体系建设不仅是新时代中国社会发展中理论自觉、文化自觉的突出表现，也是立足中国实际，面向世界的中国哲学社会科学发展战略的重要内容。

体育哲学社会科学旨在从人文社会科学的视角对体育实践进行描述、探求原因、鉴别得失，最终提出以指导体育实践发展对策与建议为价值目的的成熟学科，并逐渐呈现出国际化趋势和影响力[2]。在已有的研究中，学者刘一民等人认为我国体育学理论话语建设仍然存在对西方学术依附性较强、缺乏理论自觉与批判创新意识、重经验研究缺理论建构、理论成果缺乏话语力量等问题[3]；学者刘云龙、邰峰等人运用文献计量分析的方式[4]与福柯知识-权力理论[5]提出我国体育哲学社会科学国际话语权的提升路径。但研究总量相对较少。因此，本文为配合做好《国家"十四五"时期哲学社会科学发展规划》，分析中国特色体育哲学社会科学话语体系的目标指向，探究构建原则，并提出具体的形成路径。

1 中国特色体育哲学社会科学话语体系的目标指向

话语体系是理论和知识的语词表达，是学科体系与学术体系的表现形式和语言载体。中国特色体育哲学社会科学话语体系应把握好话语与思想、文化、时代的关系，包含特色体育思想理论的深刻阐释、不同体育文化资源的融通创新、体育重大时代问题的深度把握。

1.1 话语与思想：特色体育思想理论的深刻阐释

基金项目：国家社会科学基金项目"新时代中国国际体育话语权提升路径研究"（20BTY040）。
[1] 第一作者简介：王小凡（1999-），男，海南海口人，助教，硕士，研究方向：国际体育传播与话语权，E-mail：2693265203@qq.com。
[3] 通讯作者简介：邰峰（1984-），男，教授，博士，博士生导师，研究方向：国际体育话语权。

　　思想是话语的内核，话语是对思想的表达。中国特色体育哲学社会科学话语体系的构建过程，实际上也就是中国特色体育思想理论的创建、形成和发展过程。新时代以来，我国体育哲学社会科学学术视野不断扩大、问题意识日趋明显、支撑力度逐年增强，体育思想表现出内容系统性、思维辩证性、地位人民性的理论特征[8]，并提出了"体育强国梦""健康中国梦""全面健身""体教融合"等新概念、新术语。目前，体育哲学社会科学已然成为成熟的学科体系，登上了广泛的世界舞台，在国际社会上的影响力与话语权逐渐增大。但中国特色体育哲学社会科学话语体系的构建却还没有跟上体育理论创新的步伐，现有的实践经验、思想创造还没有形成与之相应的话语体系。存在这种问题的原因包含两个方面：一方面，没有坚持独立自主，仍然依附于从国外引进的理论体系和概念系统；另一方面，没有做到与时俱进，话语体系中缺乏新思想的支撑，对新思想的内容与特点体现的不够全面。基于此，中国特色的体育哲学社会科学话语体系应将对中国特色体育思想理论的深刻阐释作为目标之一，提炼出被国际所接受的原创概念与表述。

1.2 话语与文化：不同体育文化资源的融通创新

　　哲学社会科学话语体系是不同文化相互融合的结果。近代以来，中国社会文化资源经历了传统文化、马克思主义、西方文化相互矛盾的局面，呈现出三种文化差异、碰撞、融合的特殊景观。对此，习近平总书记认为需要实现三种文化资源的融通创新。体育文化中也存在冲突与融合，既有武术、太极拳等中国传统体育文化，也有从西方引进而来的现代体育文化[7]。一方面，中国传统体育文化源远流长、内容丰富，其中所蕴藏的注重礼仪、崇尚品德等特征，早已成为生生不息的中华民族传统文化的精华。另一方面，西方体育所特有的那种科学性和进步性及其表现出来的公平、公正和公开性、娱乐性、游戏性、竞技性、趣味性，使中国人不得不承认自己的落后并开始认真向西方学习。文化资源之间的相互碰撞，时常导致我国传统体育文化面对西方文化时削足适履。对此，既要充分挖掘、吸收中国优秀传统体育文化资源，夯实文化根基，塑造文化认同，也应充分吸收、借鉴国外优秀文化资源，在中国视角与世界视角之间寻求一个合理的平衡，使其真正融合到中国体育文化体系当中。

1.3 话语与时代：体育重大时代问题的深度把握

　　不同时代蕴含着不同的思想，话语体系作为对思想的表达要建立在时代的基础上。在构建中国特色体育哲学社会科学话语体系时，一方面要清楚把握当前所处时代的阶段性特征：以中国为代表的发展中国家综合实力迅速提升，中国特色社会主义进入新时代，世界处于大发展大变革大调整的重大历史时期；另一方面要清楚了解新时代所提出的重大体育问题，并及时用新的理论与概念加以回答。现阶段，体育全球化已然成为必然趋势。体育作为全球化的重要组成部分，国际体育社会中的交流与合作不断深化，如何实现体育全球化是体育领域中的重大时代问题。对此，要将"人类命运共同体思想""共商共建共享的新型全球治理观"等包含中国智慧的标识性概念与理论融入话语体系中。同时要清楚地认识到绝不能将理论停留在简单重复的层次上，而是不断提升思想理论创新的责任担当，进一步把中国在体育领域中伟大实践的丰富经验提升至理论高度，凝练出新的概念与观点。

2 中国特色体育哲学社会科学话语体系的构建原则

2.1 牢记"一个目标"，赋予话语体系时代性与战略性

　　构建中国特色体育哲学社会科学话语体系不仅能够向世界贡献中国智慧与中国方案，更能提升我国在国际体育社会中的体育学术话语权。国际话语权是指主权国家在国际政治环境中，就全球重大事件表达观点、阐释意见、陈述主张的权利，同时也是一个国家信息传播力、文化影响力、舆论引导力、政治参与力的集中体现[9]。国际体育话语权作为国际话语权的重要组成部分，是一个国家在体育领域中发声的权力，是国家软硬实力的结合。随着我国体育综合实力的不断增加，国际地位也逐步提高，国际体育话语权影响力逐渐扩大，然而从目前的国际形势和话语权来看，仍存在不对称现象。我国体育软实力建设（国际话语权方面）与硬实力发展（综合国力和体育实力）相比，存在一定程度的滞后与不对称，需进一步提高国际体育话语权影响力和号召力，实现从"参与者"到"主持人"的角色转变[9]。体育软实力建设包含种类多，覆盖氛围广，其中体育学术是体育软实力的分支，一个国家的体育学术水平的提高对国际体育话语权的提升有着积极的促进作用。新时代以来，我国在体育学术方面已经取得了众多的研究成果，所贡献的中国智慧与中国方案已经达成国际共识，为构建中国特色体育哲学社会科学话语体系奠定了良好的基础。在此基础上，还应牢记新时代提升国际体育话语权的历史使命，清楚地意识到向国际体育社会贡献中国智慧与中国方案的根本目的是服务于全人类、塑造本国的良好形象和维护本国的整体利益。同时还要意识到国际体育话语权的提升任重而道远，需要能够紧随时代步伐，科学系统的中国特色体育哲学社会科学话语体系为其提供助力，进而改变我国目前仍然相对弱势的话语权现状，最终实现与综合国力相匹配的话语力量。

2.2 把握"两个层面"，兼顾话语体系客观性与普遍性

　　主体性层面：话语体系是由人所创造的，但它并非是随意创造的，而是根据它历史性的发展趋势，由历史的人历史地创造的。对于一个群体、民族、国家来说，体育哲学社会科学话语体系建设要把握好主体性层面，使其呈现出"百花齐放、百家争鸣"的状态。首先，彰显民族风格和气派。体育全球化时代并不意味着体育思想与体育话语体系的完全同质化，主体之间确实要尊重各国发展道路和历史实践的差异，但不表明合而为一。正是这种差异性决定了话语体系的主体性。其次，中国特色体育哲学社会科学话语体系构建不能脱离中国文化。一个民族或国家的文化始终是其话语体系的来源，中国特色体育哲学社会科学话语体系既要根据中国文化倡导和平的特点来构建话语体系，也要通过新的概念、新的名词来发展中国文化，二者辩证统一，相互促进。

　　公共性层面：公共性与主体性相对应，表现为形式与内容两个方面。形式的公共性指的是框架结构能否被理解。对此，最为关键的一点是打破语言壁垒，在不同话语体系之间搭建相互理解的桥梁，在不同语言符号框架之间实现对应，增强逻辑结构的可理解性。尤其是对标识性概念的翻译，要精确无误，清楚地表达出主体想要表达的意思。内容的公共性是话语体系所表达理论知识的公共性。其一，话语内容要具备高度的科学性。科学性是公共性的基础，高度科学性的话语内容更能吸引人、引导人、说服人；其二，话语内容要具备高度的普适性。依据话语体系历史性与世界性的发展趋势，持续扩大学术研究视野，从中总结出共性问题并加以解决，凝练出具有高度普适性的概念观点。主体性与公共性是相互依赖的有机整体，仅注重主体性而忽视公共性，会导致自身的文化、理论传播不畅，走向"闭关主义"政策；仅注重公共性而忽视主体性，会导致话语内容脱离本国实际，走向"拿来主义"政策。

2.3 考虑"三个关系"，强调话语体系科学性与程序性

考虑话语体系的理论完整性和实践指向性的关系。一方面，话语体系中所提出的观点、概念、理论等，应严格按照学术理论的发展规律，保证逻辑上的自洽，形成具有系统性、科学性、严密性与完整性的理论，有助于话语体系在国际社会中传播的影响力提升。另一方面，话语体系中所涵盖的理论知识还应具有实践意义，必须能够清楚阐明世界中普遍存在的共性体育问题，并且对其提出创新性的、能够影响其他民族与国家的、解决重大时代问题的中国智慧与中国方案。由此可见，中国特色体育哲学社会科学话语体系既要符合学术规范，同时也要切实解决实际问题。兼顾话语体系的理论性与实践性，为中国特色体育哲学社会科学话语体系的发展提供动力。

考虑话语体系的人类普遍性和民族具体性的关系。反映客观世界的科学真理是没有国界的，是服务于全人类的。但是，话语主体与构成话语体系的思想文化是存在地域性的。尤其是在体育全球化时代，需要运用中国特色体育思想理论解决全球体育共性问题。在构建中国特色体育哲学社会科学话语体系时，既要以中国特色社会主义思想为出发点，力求维护最广大人民群众的根本利益，同时还要充分吸收中国传统体育文化，借鉴世界各民族优秀体育文化成果，做到"不忘本来、吸收外来、面向未来"，既要向内看，也要向外看；既要向前看，也要向后看，构建能够反映世界人民共同愿望和理想追求的中国特色体育哲学社会科学话语体系[10]。

考虑话语体系的历史开放性和真理体系性的关系。中国特色体育哲学社会科学话语体系的历史开放性也是需要重点考虑的因素之一，将话语体系的历史开放性与真理体系性协调起来，是维持其长久生命力的内在驱动力。一方面，要站在人类体育科学的前端，充分吸收体育各学科的最新成果，深刻把握自然界发展规律与人类认知客观规律，建构自身贯通、内在关联、具有深度解释力的中国特色体育哲学社会科学话语体系。另一方面，要认识到目前所构建的话语体系是阶段性话语体系，不是封闭的最终真理体系，而是应随着时代的变革与时俱进，始终追随世界体育文化与时代进步的步伐，在原话语体系上进行创新与继承，不断运用新的思想理论加以完善。

2.4 遵循"四个统一"，体现话语体系整体性与完整性

中国特色体育哲学社会科学话语体系构建是经济、政治、文化的统一。话语体系本身是思想文化的外在表现，与社会发展状况有直接联系。马克思社会有机体理论与毛泽东《新民主主义论》中均提到，经济、政治、文化是社会有机体的基本结构，彼此相互作用，构成了社会有机体发展的内在动力。其中经济是基础，政治是经济的集中体现，文化是经济和政治的反映[11]。话语体系需要经济、政治、文化的支撑，即便内容再科学也很难发挥巨大作用。因此，要借中国近些年取得巨大成就的东风，坚持自主创新，走出一条具有鲜明中国特色的体育发展道路。

中国特色体育哲学社会科学话语体系构建是形式建设和内容建设的统一。随着体育全球化不断加深，国际体育交流平台愈发广阔，各民族与国家在体育哲学社会科学上的对话借鉴、协同创新愈发频繁，不论是议题的设置还是概念的使用越来越向国际化和标准化发展。对此，要寻求形式与内容的平衡。如果形式与国际普遍的话语体系格格不入，很难引起国际体育社会的研讨；如果内容脱离中国具体实际，可信度自然下降，不利于国际体育话语权的提升。同时，在内容建设上，面对西方国家的质疑，要给予实质性的回应，运用科学系统的学术话语加以澄清。

中国特色体育哲学社会科学话语体系构建是历史性与世界性的统一。历史性与世界性是哲学社会科学话语体系发展的纵向维度和横向维度。因此，一方面要坚持中国的文化语境。将中国优秀传统文化与

体育文化作为其安身立命的立足点与进一步发展的出发点；另一方面，要具备世界主义情怀。中国特色体育哲学社会科学话语体系不仅是民族的，同时也是世界的。在当今世界，不讲其话语体系发展成国际性话语体系的民族和国家，而是采用极端狭隘的民族主义，只会严重阻碍自身的发展，不可能称为世界性的民族，在国际社会中的影响力只会逐渐减弱。

中国特色体育哲学社会科学话语体系构建是政治话语、学术话语与体育话语的统一。近年来，西方国家常用学术话语包装其意识形态，企图运用科学系统的话语体系与理论体系掩盖其战略意图和意识形态。可以看出，学术话语已经成为意识形态话语权的根基，中国特色体育哲学社会科学话语体系在内容上并不单单是学术话语与体育话语，而应该是政治话语、学术话语和体育话语三者的统一。中国特色体育哲学社会科学话语体系与国家战略紧密相关，需具备一定的政治敏感性，不能脱离国际宏观政治大方向，用政治话语引导学术话语与体育话语。同时，还要具备一定的前瞻性，为国家战略提供理论支撑，用学术话语和体育话语阐释政治话语。

3 中国特色体育哲学社会科学话语体系的形成路径

现阶段，我国体育对外话语体系仍存在缺乏思想性话语支撑、制度性话语竞争优势不明显、未实现理论性话语超越等问题[14]。鉴于此，基于上文中构建中国特色体育哲学社会科学话语体系的目标指向与构建原则，提出具体的形成路径。

3.1 从我国体育的伟大实践中凝练关键问题

话语体系并非是凭空捏造的，而是要为解决某一时代问题而产生的。中国特色体育哲学社会科学话语体系是为解决体育强国建设这个时代命题而产生的，需以人民为导向，立足于我国体育的伟大实践。习近平总书记指出，中国目前正经历着历史上最为广泛而深刻的社会变革，同时也正经历着最为宏大而独特的实践创新。他还强调在构建话语体系时既要挖掘历史，也要把握当代，以此在构建中国特色体育哲学科学话语体系中要更深刻地明确立足于什么样的体育实践，如何做到具有中国特色。一方面，人民群众在创造历史的过程中有着丰富的实践经验。在此基础上，应以历史为脉络，系统梳理和掌握人民群众的体育奋斗成就与伟大实践，清楚把握在各个历史时期人民群众在体育实践中的重大问题，以此形成被人民所需要，并能够解决实际问题的理论，进一步上升为体育哲学社会科学。同时，挖掘历史也有助于认清我国体育发展的实际情况，认真汲取其中的合理元素，探究其中具有符合时代精神、具有普遍意义的实践经验，定调何为中国特色，以此来打造以实践为基础、以问题为导向的中国特色话语体系，充分彰显中国特色、中国风格、中国气派。另一方面，中国特色体育哲学社会科学话语体系需适应时代的新发展与实践的新要求。我国自新时代以来在竞技体育、学校体育和群众体育有诸多重大成就，但仍存在一些问题，要从中探究竞技体育中的新特点、学校体育的新现象、群众体育的新发展，并一一提出解决对策。加强对当下我国体育事业发展过程中的各类问题进行研究，为体育实践提供理论指导。

3.2 体育政治话语与学术话语进行有机结合

中国特色体育哲学社会科学话语体系不仅能够代表目前我国体育哲学社会科学的发展水平，还关系到我国的国际体育话语权，与国家的整体软实力相关联。也就是说，"世界上没有纯而又纯的哲学社会科学"，中国特色的体育哲学社会科学话语体系应该正确处理政治话语与学术话语之间的关系，以此来

更好地为我国体育实践服务。对此，可以利用体育智库将政治话语与学术话语进行有机结合，为每一次的重大改革与发展提供先进的思想先导与理论引领。所谓智库，是指对公共政策进行研究与分析的组织。它们主要对国内与国际问题进行政策导向的分析、研究与咨询，充当学术界与政治界之间的桥梁，从而使政策制定者、政策决策者与公众能够作出明确决定。其中体育智库是主要面向体育公共政策、体育产业转型、大众体育服务等方面提供决策与分析的机构，为我国体育事业的发展提供重要的智力支持与决策保障。在实践过程中：一方面，智库应将体育学术与时政相联系，凸显中国特色。话语体系的构建应从现实出发，反映时代问题，并最终指导人民群众实践。因此，体育学术的研究必须与时政相联系，具备一定的政治敏感性与前瞻性，始终跟随国家宏观政治发展方向，为体育政策制度的制定提供理论支持。另一方面，智库应运用学术话语讲好政治叙事。利用学术话语包装意识形态，以科学性与规范性的预设掩盖战略意图早已是部分西方国家的惯用手段。学术话语是政治话语的根基，体育智库需要以学术思想作为背景，用政治话语引导学术话语，用学术话语阐释政治话语，以此来将政治话语与学术话语进行有机结合。

3.3 注重原创性体育理论与知识的概括提炼

中国特色体育哲学社会科学话语体系的构建需要加强理论运用的反思意识与理论创新的主体意识，注重原创性体育理论与知识的概括凝练。首先，培养学术自主性。鼓励专家学者们对各国的经济、政治、文化进行实地考察。通过田野调查，反思我国体育哲学社会科学发展中仍然存在的问题，之后从我国现实出发，从实践中发现新问题、寻找新理论、提出新观点。其次，提高学术研究水平，提升对理论知识话语的生产能力，提炼标志性概念与原创性理论。不仅有利于我国体育哲学社会科学的自发性发展，也有利于体育强国形象的构建。如："小康体育""体育强国""全民健身""健康中国""体教融合"等原创性概念极大程度地推动了我国体育事业的发展，在此基础上要进一步将我国体育的奋斗成就、伟大实践，转化为话语优势，为他我国体育发展提供助力，为世界体育发展贡献方案。最后，坚定文化自信。"坚定文化自信"是我国文化建设中的重大命题。从历史进程来看，文化自信是文化发展这一问题的重要阶段，文化自信源于文化认同，文化的自信带来更高层面的文化认同。坚持文化自信，实现文化认同是构建中国特色体育哲学社会科学话语体系的前提与目标。对此，要做到理论知识、话语内容、研究方法等多个方面的自信，强调本土独特性，将中国经验上升为中国理论，为实现文化认同奠定基础。

3.4 借鉴国内外优秀的文化成果与历史经验

历史性与世界性是话语体系的发展趋势。因此，在构建中国特色体育哲学社会科学话语体系时，既要汲取我国传统体育学术资源，也要关注国外体育学术动态[13]。一、汲取我国传统体育学术资源。由于我国长期以西方竞技体育为主导，导致传统体育文化及其学术资源受到一定程度的忽视。对此，2017 年中共中央办公厅、国务院办公厅印发的《关于实施中华优秀传统文化传承发展工程的意见》中重点指出要将传统文化融入到体育教育等领域，加强相关学科建设，进一步推进民族传统体育进校园，并对有代表性的民族传统体育项目"走出去"提供支持。可见，我国传统体育文化迎来了新的发展机遇。在此基础上，要进一步加强对传统体育文化及其学术资源的保护与传承，深入发掘传统体育文化学术思想和方法，并提炼为中国特色的理论话语，使其成为中国特色体育哲学社会科学话语体系的重要源流。二、关

注国外体育学术动态。话语体系的构建中应始终保持开放性的话语姿态[14]，切忌闭门造车，应在立足于我国体育发展现状的基础上，积极吸收国内外体育学术精华。西方国家的现代体育文化理论研究具有较为深厚的历史积淀，这些研究成果视野开阔、主题丰富，以问题为导向，不拘于学科局限，理论的延展性比较充分。因此，在构建中国特色体育哲学社会科学话语体系时，应尊重文化的多样性，坚持宽容的文化态度与平等的文化观念，学习并借鉴国内外的优秀体育学术成果，不仅有助于拓展我国理论研究的视野，同时可以深化对体育中各领域的认识。

3.5 针对全人类体育共性问题主动设置议题

随着体育全球化进程的不断深入，各国在发展中面临的问题早已成为全人类体育共性问题。例如体育锻炼与健康问题、大型体育赛事赛后可持续发展问题、运动员伦理问题等，这些问题都需要各国的学者们共同关注，共同解决。对此，我国应勇于担当国际责任，把握好中国与世界的时代问题，既解决好立足于中国实践的中国体育问题，也解决好全人类体育共性问题，努力为促进世界体育事业发展贡献中国智慧与力量，加速体育全球化进程。新时代以来，习近平总书记提出的人类命运共同体理念，其含义是我国愿意在自身发展的同时与其他国家共同繁荣，在自身获取利益的同时也关注到其他国家的利益，以此来共同面对全世界、全人类、全球性的问题[15]。其中自然也包括我国体育哲学社会科学理论、知识、概念对全人类体育的贡献。这也就说明构建中国特色体育哲学社会科学话语体系时既要具备全球视野，还要树立话语先机意识。首先，要聚焦到国际体育前沿问题，拓宽体育学术视野，运用独特的视角和新颖的理论对共性问题进行研究；其次，树立话语先机意识，提升自身的话语阐释能力，主动向世界阐述我国的学术成果，占领在体育学术研究中的抢先地位。最后，站在理论的制高点上主动设置议题，提出能够切实解决全人类共性问题的建议与策略，为全球体育发展提供新的理念与方法，积极与各国分享我国的实践经验，在不断的交流合作中共同进步。

3.6 增强体育哲学社会科学话语的对外传播

在体育哲学社会科学领域，我国也应该在世界范围内积极发声。为此，应精心建构、加快形成独具中国特色、能与国际对话的对外话语体系，积极拓展传播平台与载体，讲好中国体育故事、传播好中国体育声音、阐释好中国体育特色，不断增强我国体育理论知识的认可度。在实践中：一、鼓励我国学者以多种方式与国际交流，接受国外媒体采访。也可以支持和资助国外的学会、基金会研究中国的体育理论与实践问题，充分发挥国外学者对我国体育哲学社会科学话语体系的宣传。二、持续推进体育文化及其成果的传播与交流。采用双向文化互动交流模式，搭建一流的多语言学术传播平台，主流媒体对传播内容进行筛选，关注内容传播对先进性与时效性，增添精品化内容，增强对最新研究成果的刊载与传播力度。三、丰富传播媒介，拓宽传播渠道。进一步推动学术期刊与学术新媒体国际传播，创办多语言期刊，防止优秀成果外流，同时增强微博、微信等学术新媒体的国际传播能力。四、积极回应部分国家的质疑。在构建话语体系的过程中必然会带来霸权与挑战的国际竞争，面对质疑时，应着力打造既符合中国国情、具有鲜明特色，又与国外习惯的话语体系相对接，更易被国际社会所接受的新概念、新表述。以事实为依据客观介绍中国体育的伟大实践，深入阐释体育发展进步的路径、轨迹和原因，充分展示我国体育政策制度的科学性与合理性，以此来消除负面影响，让世界更加全面、理性、客观地了解和看待

中国体育[16]。

4 结 语

    中国特色体育哲学社会科学话语体系是提升我国文化软实力与国际体育话语权的重要措施之一。中国特色体育哲学社会科学话语体系构建实质上是国际体育文化软实力建设，需要从我国体育的伟大实践中凝练关键问题、体育政治话语与学术话语进行有机结合、注重原创性体育理论与知识的概括提炼、借鉴国内外优秀的文化成果与历史经验、针对全人类体育共性问题主动设置议题、增强体育哲学社会科学话语的对外传播。同时要清楚地认识到，中国特色体育哲学社会科学话语体系构建需要从国家总体发展战略高度进行长期规划，需要用辩证的眼光去看待其中存在的矛盾，才能使其保持长久的生命力，才能更好地服务于提升我国国际体育话语权的时代任务。

参考文献

[1] 王占仁.中国共产党思想政治教育的应用传统及当代价值研究[J].东北师大学报(哲学社会科学版),2018(05):30-37.

[2] 杨桦.中国体育哲学社会科学研究现状——基于国家社科基金项目立项状况的考察[J].体育学研究,2018,1(03):15-27.

[3] 刘一民,宋红霞.论新时代中国体育学理论话语体系建构[J].武汉体育学院学报,2021,55(08):19-25.

[4] 刘云龙,赵聪.我国体育哲学社会科学国际话语权研究——基于 SSCI、A&HCI 的文献计量分析[J].体育学刊,2020,27(06):20-26.

[5] 郎峰,王小凡,梁鑫.我国体育哲学社会科学国际话语权提升路径研究——基于福柯知识-权力理论[J].武汉体育学院学报,2021,55(06):30-36.

[6] 邢金明,王松,刘波.新时代中国特色社会主义体育思想的学理逻辑、理论特征与价值挖掘论纲[J].体育与科学,2021,42(04):8-14.

[7] 朱成东,尹博文,王小凡,郎峰,张鑫淼.我国传统武术文化传播与认同研究[J].吉林体育学院学报,2021,37(03):104-108.

[8] 梁凯音,刘立华.跨文化传播视角下中国国际话语权的建构[J].社会科学,2020(7):136-147.

[9] 梁立启,栗霞,邓星华,等.我国体育话语权的产生基础与有效发挥研究[J].武汉体育学院学报,2017,51(7):20-25.

[10] 郭湛,桑明旭.话语体系的本质属性、发展趋势与内在张力——兼论哲学社会科学话语体系建设的立场和原则[J].中国高校社会科学,2016(03):27-36+155-156.

[11] 周建超.重读毛泽东《新民主主义论》中关于经济政治文化的辩证论述——基于马克思社会有机体理论的视域[J].教学与研究,2013(12):56-63.

[12] 张飙,刘亮,徐泽.中国体育对外话语体系建构的若干问题探析[J].体育学刊,2019,26(06):51-56.

[13] 钟天娥.中国特色社会主义话语体系:本质属性、价值功能与构建路径[J].理论探索,2018(03):70-75.

[14] 顾培东.当代中国法治话语体系的构建[J].法学研究,2012,34(03):3-23.

[15] 姜晓宏,尹博文,王小凡.经济、政治、文化：新时代中国国际体育话语权构建的三个维度[J].辽宁体育科技,2021,43(06):29-33.

[16] 邓纯东.努力构建以马克思主义为指导的哲学社会科学话语体系[J].马克思主义研究,2014(06):9-14+159.

Discourse System of Sports Philosophy and Social Sciences with Chinese Characteristics: Goal Orientation, Construction Principle and Formation Path

Abstract

This paper uses the method of literature and material, logical reasoning, etc., to explore the goal orientation, construction principles and formation paths of the discourse system of sports philosophy and social sciences with Chinese characteristics. The research believes that the goal of the discourse system of sports philosophy and social sciences with Chinese characteristics is: the profound interpretation of the characteristic sports ideology and theory, the integration and innovation of different sports cultural resources, and the in-depth grasp of the major issues of sports in the era. Construction principle: keeping in mind "one goal" and giving the discourse system epochal and strategic, grasping the "two levels", taking into account the objectivity and universality of the discourse system, considering the "three relationships", emphasizing the scientific and procedural nature of the discourse system, following the "four unifications", and reflecting the integrity and integrity of the discourse system. Formation path: condensing key issues from the great practice of sports in my country; organically combining sports political discourse and academic discourse; focusing on the generalization and refining of original sports theory and knowledge; drawing on excellent cultural achievements and historical experience at home and abroad; aiming at sports for all humankind; actively setting topics for common issues; strengthening the dissemination of sports philosophy and social science discourse.

Keywords: discourse power; discourse system; sports philosophy and social sciences; goal orientation; construction principle; formation path

族裔还是国家：体育对美国国家认同的建构

霍传颂[1]
1 成都体育学院外国语学院，四川 成都，610041

摘要：民族国家是当今世界最主要的国家形态，在多民族国家这一现实语境中，"族裔认同"与"国家认同"是两个研究的核心议题，其二元性结构是导致族裔认同与国家认同的内在紧张的根源。本文基于美国体育的案例观察，通过解析体育场域内国家认同建构的历史与现实，分析梳理体育场域中二者的结构关系，发现体育在认同政治的二元结构中具有重要的建构功能，既能成为实现政治理念、渗透主流文化价值观的重要途径，又能在一定条件下转而成为少数族群进行文化自保、强调平权的工具，客观上不利于国家认同的建构，甚至成为狭隘民族主义和分离主义的温床。民族国家的国家认同建构的双向交互发展在全球化影响下使得体育逐渐成为建构和处理认同二元性问题的主要场域。通过分析美国案例，整合经验，提出新时代中国国家认同的体育治理：通过体育的场域功能建构更宏大的文化共同体，从而保证族裔认同的下位性和国家认同的上位性，增强对中国特色社会主义制度、中华民族文化、公民身份和"国族"身份的认同。

关键词：国家认同；族裔认同；美国体育；国族

民族国家是当今世界最主要的国家形态。然而，民族国家内部长期存在着族裔认同与国家认同的紧张性甚至冲突性，由此也成为认同政治的核心问题。美国作为一个年轻的国家，历史上几次移民浪潮不仅改变了这个国家的族群结构，也使以盎格鲁-新教文化为主导的价值体系受到了冲击。体育作为美国文化最重要的组成部分，一方面是各个族裔移民融入美国社会并构建其政治-法律身份的重要途径，一方面成为各个族裔强化个体与族群血缘联系意识，构建起文化-心理归属的重要工具。美国的经验展示了体育在国家认同建构中的二元性以及体育和国家认同之间的深度关联，提供了多民族国家在体育场域处理国家认同与族裔认同关系的实践经验，也揭示了体育在民族国家语境下的认同政治建构方面的重要作用。

1 民族国家认同的二元结构及体育的功能

1.1 族群与国家及认同的二元性

"族群"是人们基于共同历史记忆与血脉传承、共同文化和利益的共同体，也指一国内部处于亚层次的各种具有文化、宗教、语言等方面差异性的族类共同体。民族共同体既是"想象的共同体"，也是利益共同体。几乎每个民族都通过例如图腾、英雄传说等历史文化载体来唤起成员的认同与归属感，并对不同的文化载体产生排斥，基于人们对异质与同质的认识而区分"我者与他者"。"国家"的含义从政治理论语境出发有两种：一是指空间领土、主权与人口所形成的国家共同体；二是指政治组织、法律制度、

基金项目：本文受西南交通大学美国研究中心 2023 年度项目资助，项目号：ARC2023005。
[1] 作者简介：霍传颂（1987-），男，山东淄博人，博士，副教授，研究方向：国别体育文化、体育外交，E-mail：monty_huo@cdsu.edu.cn。

权力机构所形成的国家政权系统[1]。在现代政治理论中，"国家"集合了民族共同体与国家政权系统的整合意义，也就是通常所指称的"民族国家"(nation-state)。

哈贝马斯提到，"'民族'一则由'民众'天生、自然形成之民族，另则由'公民'所组成之民族，前者为历史命运共同体，后者则为政治法律共同体。"民族国家既是民族的国家，也是公民的国家[2]。所以，民族国家均建立于民族的国家认同之上。建立对国家认同的民族则构成国家民族，也即国族。安东尼·史密斯认为，国家认同基于族裔认同，是族裔认同提升和拓展的必然结果。族裔认同是国家认同的基础和前提，而国家认同是族裔认同的最终目标[4]。因此，民族国家的认同政治出现"族裔认同—国家认同"的二元性结构，而"民族国家"也是分析认同政治的基本语境。

1.2 体育与认同政治

"认同政治"(Identity Politics)是西方 20 世纪 60 年代"才开始使用的词汇和概念"[4]，即"身份政治"的动词用法。是指人们基于对一些群体的认同而产生的政治态度、倾向，实施政治行为的现象及过程。包括阶级、民族、宗教、性别等[5]。可以理解为，在政治社会化过程中，人们依据一定的行为、文化、信念、价值观等来确立自己的身份，并达成政治共识与参与政治。当人们认为政治系统及运作符合其所选择的文化价值观时，则对其具有认同感，就会参与和支持这种政治系统的运作。体育的身体活动本质和直观显性等特点使其可以超越国家、民族、阶级、宗教信仰、意识形态等成为普适性文化现象。Adrian 指出体育运动的竞争性、超语言性和平民性特征，使其成为表达群体性身份的最好媒介[6]。体育文化的价值便在于体育自身便是一种人类向自身和社会的"复归过程"[7]。而体育的教育功能、促进人社会化功能、休闲娱乐功能和竞争功能恰恰是现代人所必备和需求的。也正因为体育所具有的较高的社会接受性也往往使其成为一个国家和政府的政治社会化手段。

诸多关于体育与国家认同关系的研究对本尼迪克·安德森的"想象的共同体"和艾瑞克·霍布斯鲍姆的"传统的发明"的反复引征说明了体育对于民族国家认同政治的塑造性作用。体育作为一种大众文化所缔造的场域将人们纳入了一个"想象的共同体"中。霍布斯鲍姆提出，包括体育在内的看似古老的传统，其实都是当代的人为制造。多数国家也在有意或无意地确立能够体现自身传统和特质的体育项目，并使之成为国家认同和公众参与的载体[8]。马军指出：体育运动提供了族裔认同形成所需的符号、仪式、神话、传统、历史和实践场所[7]，是一种通过身体活动来彰显文化特色和传承的载体，也被称为"想象的战争"，其具体的形式也就成为个体和族群借以作为共同祖先记忆的手段之一。安东尼·史密斯也提到："战争塑造了国家，也塑造了族群……它提供了一种向心的力量，能够为后代提供神话与记忆。"[9]

2 国家认同二元性的历史窥探：美国体育的视角

2.1 主体族群对"美国"的定义：族裔认同中诞生的国家认同

早期的殖民背景奠定了二元建构的历史基础。在殖民地时期，早期移民面对艰苦的生存环境以及与印第安人的冲突与交流，这直接导致具有深厚殖民精神的体育模式和体育价值观，与新文化、新宗教精神一起成为了北美移民划清与欧洲宗主国文化界线的手段。优胜劣汰、适者生存的殖民环境以及争取独立的过程，使得崇尚竞争、强健体魄等浓厚的实用主义成为了美国体育的精神基础，也导致与欧洲传统体育观念的分裂；在这样的一种精神文化中，诞生了美国特色的政治理念和核心价值。对于早期移民而言，血缘、历史和文化纽带的缺失使得体育承担起了塑造"想象共同体"任务，为共同的政治理念和核心价值提供了文化实践场域。

早期移民利用体育达成了两个取向：区隔美国文化与英国、欧洲文化的联系；建立新大陆的共有文化、形成共享的经验[10]，并最终形成了美国主流的盎格鲁-美利坚文化。其典型案例就是对于三个主流英式体育项目的改造和摒弃。当标榜英国文化和精英主义的板球在美国盛行之时，由板球改造而来的棒球，其快速激烈的运动方式吸引了健康改革家和媒体的注意，并被誉为"具有美国进取精神"的运动。通过廉价、易学等特点，棒球吸引了广泛的阶级参与，成为一种大众文化。健康改革家认为棒球运动对于改善美国人体质、用以对抗来自欧洲国家的诟病起到了关键作用。艾伦·古特曼在《量化的田园》对于棒球崛起进行了论述，提到独立战争使得人们都意识到了美国身份这一问题，也正是这一关键因素促使棒球在美国的崛起以及板球的衰弱，"我们的国球是独特的、美式的，适合美国国情和美国特色。"[11]

无独有偶，当英式橄榄球和足球进入美国之后，美国人通过对英式橄榄球规则的修改，发明了被认为最具美国特色的美式橄榄球，其更加激烈的比赛方式受到美国人的喜爱。美式橄榄球之父沃尔特·坎普曾说："我们已经摆脱了英式橄榄球规则，而这样建成了更适合美国人需要的比赛：强壮、团结、有进取心、充沛的精力，这些是取得进步的根源，这一根源支撑和满足美国人。"美国前总统西奥多·罗斯福也曾撰文表示对美式橄榄球的支持：橄榄球是使男孩成为男人的重要体育项目，对保持男子气概、竞争意识以及尚武精神有重要的作用[12]。而足球自传入美国以来，始终未成为美国体育运动的主流。在全球扩张的同时，足球在美国却始终处于边缘化的地位。这个时期，体育在"同一性"与"排他性"的互动中助力了盎格鲁-美利坚族群与文化意识的形成，并奠定了日后美国的主体族群与主流文化。在这个盎格鲁-美利坚族群占据绝对优势的时期，其族裔认同构建起最初的美国国家认同。

2.2 族裔还是国家：多族群背景下两种认同的矛盾与冲突

在之后美国一百余年的历史中，移民国家的背景导致了认同政治呈现出二元性。大量的移民导致族裔结构的改变，不同的族裔移民与盎格鲁-美利坚之间血缘、文化纽带的缺失，导致了移民的族裔认同与以盎格鲁-新教文化为基础的国家认同形成冲突，使得文化同化主义与多元文化主义出现。

2.2.1 体育中的同化：盎格鲁-新教白人对移民的美国化实施

文化排他性的内在属性使得盎格鲁-新教白人产生了对其他族裔的排它意识，催生了后来的社会达尔文主义，导致对他族文化、宗教等方面的不认同以及体质、基因等方面的歧视。一些社会改革家迫切希望对不同族裔的移民完成同化，以盎格鲁-新教的价值为标准来建构"同质性的国民文化"，体育运动成为政治系统推广强制性同化措施的重要手段。主流社会一方面利用体育教育手段使各个族群接受盎格鲁-新教的主流价值理念，抑制甚至取消其他民族的自我文化认同，通过各个民族的同化来完成对国家认同的建构[13]；另一方面也在利用一些竞技体育来证明盎格鲁-新教白人的优越性，为文化同化主义提供现实依据。

在美国进步主义时期著名的"定居之家运动"（Settlement House Movement）中，新教精英阶层通过提供福利援助以使得各个族裔的移民更快地在美国定居下来，是一场遍布全美的"托儿所"运动。在这个汇集不同族裔儿童的机构中，体育成为传播新教价值观的重要途径。而《强制教育法案》将大量的移民儿童纳入了教育体系，体育和英语成为了同等重量的必修课。在学校，各个族裔的学生被组织起来参与如棒球、橄榄球等美国体育项目。进步主义改革家们希望在教练和体育指导员的教导下，各个族裔的后代通过参与体育活动习得忠诚、自律等优良的美国精神，最终成为一个道德的、爱国的美国人[12]183。

体育参与使得各个族裔的人群在不知不觉中被纳入了美国化的制度和道德体系，也完成了对制度化、法制化理念的接受，从而通过体育与社会政治、经济发生关系。特别是学校的体育和比赛，在那个时期承担起了对各族群青年进行同化和国家认同的建构。

2.2.2 体育中的多元文化主义：少数族裔的反抗

如威尔·金里卡所观察到的，许多具有自身文化特质的少数民族，为了维护自己民族尊严和权利，一直在抵制融入"共同文化"的同时，寻求"巩固自己的社会文化"以"保护自己的独立存在"[14]。美国这个时期的历史很好地印证了这一点。早在 19 世纪中叶，各个族裔的群体就开始组织自己的体育俱乐部，以期在青年人中推广本民族的语言、价值观、以及文化传统。如早期的德裔移民所建立的特纳（Tuner）俱乐部，捷克移民建立的索科尔（Sokol）俱乐部，波兰人的猎鹰俱乐部。著名的希伯来青年会则是犹太人聚集场所，在这里犹太人学习英语，进行体育锻炼。这类组织培养了许多体育冠军，但同样也使其民族传统和宗教保留了下来。1853 年，爱尔兰籍拳击手约翰·莫里斯（John Morrissey）问鼎美国职业拳赛冠军，为爱尔兰移民带来荣耀的同时使这个群体能鼓起勇气面对社会的嘲讽[12]146-149。在 1910 年 7 月 4 日内华达州举行的一场拳击比赛中，黑人拳手杰克·约翰逊（Jack Johnson）击败了白人冠军吉姆·杰弗里斯（Jim Jefferies），这场历史比赛吸引了超过 2 万名来自全美的观众。约翰逊的胜利击碎了当时美国社会的一场"搜寻伟大白人希望"的行动，也为其族裔提升了骄傲和自信[12]209-211。

1964 年，印第安孤儿比利·米尔斯（Billy Mills）在奥运会上赢得一万米跑金牌并打破世界纪录，成为美国历史上第一个奥运万米冠军，这为在美国依然处于边缘地区，生活困苦的印第安人带来极大的自豪感。解放近一个世纪之后，非裔美国人依然面对包括体育领域在内的广泛的社会歧视。1966 年，德克萨斯西部学院在 NCAA 篮球决赛中以全黑人阵容战胜了夺冠热门、全白人阵容的肯塔基大学，这不仅在全美范围引起了极大轰动，也强化了黑人的身份认同。穆罕默德·阿里（Muhammad Ali）的成功使得体育在美国变成了文化战争的舞台，被誉为"体育革命领袖"，其因为拒绝入伍而被美国政府监禁并剥夺冠军头衔，这也反映出少数族裔的国家认同的赢弱。1968 年奥运会金牌得主非裔美国人托米·史密斯（Tommie Smith）在领奖台上高举戴着黑手套的拳头并低头无视美国国旗的事件更加宣示了美国族群的紧张关系和国家认同的危机[12]。

从历史实践中可以看出，美国"国家认同"的建构曾最大限度地体现了盎格鲁-美利坚这个主体族群的价值标准，进而演变为"各少数族群对盎格鲁-新教文化的认同问题"，国家认同的实质随之变成"少数族裔与盎格鲁-美利坚族群的群际关系问题"。盎格鲁-新教白人的同化措施本质上是对少数族群的压制，这带来了各个族裔群体的抵制。各个族群以体育作为手段，以反抗来自主流意识形态的同化，并通过竞技体育的成就来宣告对平等权利的强调，对抗来自新教白人群体的歧视和质疑，在很大程度上为"多元文化主义"提供了现实依据，反映出当时各个族群对美国体制的质疑与不满。这从意识形态上摧毁了文化同化主义。如果一个国家主流文化无法包容多元化的族裔元素，强硬的以主体族群的价值标准对不同族裔进行同质化，那必然会导致各个族群寻求自保，在强化各个族群认同的同时，也给国家认同建构带来威胁。因此那个时期，各个族群对民族身份的归属，超越了对国家身份的归属。

3 二元认同统一性的建构：体育的功能

刘永刚提出：国家认同内容体系上的文化性与政治性，使国家认同呈现归属性认同和赞同性认同[15]。肖滨阐释到，赞同性认同是对政治-法律的认同，包含了权利与义务的公民身份、国家制度认同以及"宪

法爱国主义"；而归属性认同是对文化-心理的认同，包含领土、族群的历史文化以及祖国同胞等元素[16]。在当代美国国家认同建构中，以"美国信念"为认同标准，以公民教育为手段，各个族裔文化多元发展成为了主要模式。体育从不同层面协调了各族群之间的共通性、巩固了政治理念和主流价值观、通过建构新型的二元认同关系更好实现了二者的统一性。

3.1 政治-法律的赞同性认同建构

体育是社会生活的一部分，它通过既定的组织和运作与国家的政治、经济和社会发生紧密的关系。体育体制和理念一方面体现着整个国家和社会的核心价值观，同时也是一个国家政治、经济、文化制度的载体[11]。

3.1.1 学校体育对公民意识的建构

美国的学校体育一直承担着对青年进行身体训练和道德教育的角色，蕴含着美国的价值观和政治理念等意识形态内容。学校的体育教育是一项理念教育，具体的运动技能则通过课余俱乐部和社会培训机构习得。校代表队实际上是一种文化符号，并且淘汰率极高（表 1）。在这种情况下，年轻人仍前仆后继地试图进入这个行列，承受艰辛的训练和繁重的课业压力。除了打通职业道路，美国学校体育具备了更多的体制化功能：培养爱好、强身健体、学业加分或培养专职教练等。通过参与体育运动，学生在不知不觉中被纳入了美国的体育制度，从而借助体育与社会政治、经济发生关系，并通过遵守体育在社会中的运行规则，达成了对美国经济上的认同和体制上的肯定。这在无形之中将学生塑造为认同资本主义民主理念和制度的公民。

表 1：美国主要集体项目学生运动员数量及进入职业联盟比例[17]

学生运动员	篮球	橄榄球	棒球	冰球
高中进入 NCAA	2.9%	5.8%	5.6%	12.9%
NCAA 进入职业	1.3%	2.0%	10.5%	4.1%
高中进入职业	0.03%	0.09%	0.5%	0.4%

3.1.2 职业体育对制度认同的建构

职业体育增加了社会流动性，为底层的各个族群提供了改变命运和身份的渠道。体育的职业化与社会对体育偶像的追捧使得许多不同族裔的个体在体育中获得成功。对于想要通过体育走上成功之路的人而言，首先便要接受、服从美国的体育体制和规则；那些已经取得成功的人则更会产生一种超越族群文化的认同。Nelson 曾表示：体育为许多人提供了摆脱困苦生活的途径；它使得人们发自内心的主动与国家传统与文化价值观联系在一起[18]。这个奋斗的过程，使得来自不同族群的人形成一种对社会规则的共识和认可。如纽约扬基棒球队，其队员构成反映了纽约多族裔的人口结构，其成功也表明在美国实现多民族融合是可行的。奥巴马在任期间保持在白宫接见职业联赛冠军球队的传统，强化了政治与职业体育的纽带，也使人们见证了出身社会底层的青年可以通过体育改变命运、成为社会名流的现实。近些年，职业体育通过对各个族裔人群的兼容，制造和宣传不同族裔背景的体育英雄，强化了人们对于"美国梦"的信心，促进了不同族群在美国主流文化中的交流，事实上是通过体育达成了对社会制度的一种普遍认同。

3.1.3 政治与体育联姻对"国族"意识的建构

"9.11"恐怖袭击之后，美国总统小布什身穿防弹背心，于 2001 年 10 月 30 日晚走向洋基体育场的投球区，投出职业棒球大联盟总决赛第三场比赛的第一球。在民族主义标语下高唱"美国"、"美国"的人群中，这一球的意义更是民族团结的象征性表现。赛事的组织者也加强体育在爱国主义和民族主义方面的意识。橄榄球大联盟（NFL）与美国军方携手表达了对国旗的拥护，球员帕特·蒂尔曼（Pat Tillman）离开橄榄球生涯而参军，于 2004 年死于战场，联盟将他作为英雄以纪念，推崇他为体育运动和美国生活方式的典范[12]。20 世纪末到 21 世纪初男子篮球队在世界大赛的低迷表现被各国称为"美国文化的衰退"，美国迅速组建了由 NBA 一线明星组成的国家队参加北京奥运会，并被誉为"担负振兴美国文化的一代"。在全世界的关注下，这支国家队艰难战胜西班牙夺得奥运冠军，成为继"梦一队"之后重振美国的黄金一代。在爱国主义感召下，国家认同的呼声超过族裔认同的表达，体育将美国各个族裔融为"美利坚"的民族共同体。

3.1.4 "美国式体育"的输出对国家意识的强化

诸多研究文献都显示，当今体育全球化现象更是一种美国式体育模式的输出。John Hargreaves 认为体育的全球化很大程度上是西方化和美国化，而 Maguire 则认为竞技体育模式正走在美国化的道路上[19]，李春华指出，体育成为表达竞争、效率等产生于美国的商业理念的一个载体[20]。从这种意义上说，由美国创造的商业化体育运作模式成为当今体育发展的一个典范。例如由 NBA 所开创的市场化的篮球运动吸引了全球的关注，使之成为标榜美国文化在全球风靡的标志。而如奥运会，尽管当今是全球体育盛会，也因为 1984 年和 1992 年在美国的运作下走向商业化和职业化，继而改变了奥运会业余理念的传统价值观。另一方面，美国媒体通过塑造超越民族与国界的"神话"和英雄，将意识形态和体育运动融合，使之成为国家认同的重要标志和符号。通过建构"同一性"，使受众和英雄以国家为纽带，共享国家荣誉感和忠诚感，乔丹成为最早的跨国体育英雄人物。在商业化运作中，这样一位通过天赋、勤奋刻苦、成功而受到全世界认可和欢迎的黑人，超越了种族、社会阶级和民族的界限，成为"美国梦"的最佳阐释，并在全球文化输出的进程中成为标榜美国文化的重要人物，建构起各个族群的国家认同。

3.1 文化–心理的归属性认同建构

金家新指出，现代民族国家需要将国家政权系统与民族共同体进行结合才能形成真正的命运共同体。国家共同体涵括了民族共同体中的"文化-心理"，个体成员缘于民族"文化-心理"的认同[1]。斯本格勒曾指出，"民族是一种心灵单位"，是一种对"我是谁"的表述[21]。肖滨指出，成为公民不仅意味着具有确定的国籍、享有权利、承担义务、履行责任，而且意味着享有"在家的感觉"，即获得文化和心理的归属感[16]。美国多元化的体育文化构成是文化-心理归属感的自然诉求的体现，无论是多种族裔体育团体，还是竞技体育项目中多元化的族裔结构，在一定程度上强化族裔认同与国家认同的博弈，但同时也以这种二元性宣示了美国社会的包容性，定义了美国文化的特点。这种身份的双重属性，使其能够向政治认同和文化认同两个方向发展，从而实现了国家认同和族裔认同的融合。

3.2.1 体育团体与组织：想象的领土

从 19 世纪中期开始，拥有不同文化和宗教信仰的各个族裔的移民也很自然的组建了不同的体育社团，

这一方面使民族身份和文化得以传承，另一方面也使得不同族裔以群体的方式参与到社会活动中。这些体育团体成为个体融入社会、强化文化归属感的绝佳场所，实际成为各个族群"想象的领土"。由印第安人体育协会举办的北美印第安运动会吸引了超过 1000 个印第安部落的运动员参与，其中包括了奥运体育项目和印第安人的长曲棍球，并成为美国奥委会的成员。1983 年，北美印第安人成立了易洛魁国民长曲棍球队并以独立的身份参与国际比赛。在黑人群体中，鲁比·福斯特（Rube Foster）作为发起者创立了"黑人国家棒球联盟"，并与白人的联盟并存。拉丁裔的移民将足球带到美国并成立了拉丁足球联赛，美国武术家协会的成立也代表着以华裔为代表的东亚文化族群在美国构建起自己的体育团体。这成为了一条帮助少数族裔群体获取大众认可的最有效的途径，并使得其成员建立重要的社交网络，构建共同体及保持文化联系，构成"想象的领土"。

3.2.2 优势体育项目：建构的文化

优势体育项目即包括族裔传统项目，也包括由后来族裔体育英雄所占领的体育项目。族裔传统项目，如德国、瑞典的体操，北欧移民的冰雪运动，毫无疑问的带有族裔文化特点和记忆传承，而体育英雄在美式体育项目取得成就也增强了本族裔人群对于从事这个项目的优势的信心。这些优势体育项目吸引着众多本族裔的人群参与，从而形成一种集体效应，使得各个族裔通过参与这些项目建构起标榜本民族特色的体育文化，如爱尔兰和波兰裔的拳击运动，黑人的田径和篮球运动以及亚裔和意大利移民的棒球运动。其所产生的文化归属感同样也在各大体育联赛和国家代表队结构中表现出来。无论是历史传统还是后天建构，这些体育项目在其成员之间建构起心理联系和文化向心力，使得群内个体更愿意选择这些体育项目，以增强了个体与族群的联系，以更好地立足于美国社会。

3.2.3 国家体育英雄的族裔多元化：不一样的"美国人"

美国体育通过其多元化结构阐释了美国文化。在棒球领域，墨西哥裔棒球投手费尔南多·巴伦内拉（Fernando Valenzuela）在 80 年代缔造了全美费尔南多热现象，成就了一个族裔英雄，并使棒球成为贫困的拉美裔移民摆脱困境或得到精神慰藉的项目。到 21 世纪初期，拉美裔球员占到了 MLB 的 26%。在 NBA 中，"魔术师"约翰逊和拉里·伯德的"黑白对抗"风靡整个 80 年代，也标志着非裔美国人与白人站到了同一个竞争平台，彰显了体育和美国社会的包容性。为了增加黑人在主教练中的数量，NFL 在 2003 年通过了鲁尼规则（Rooney Rule），规定当进行总教练职位面试时，团队中至少要有一名黑人参与面试[12]。TIDES 的研究表明，在美国最知名的体育联盟中，体育竞赛中的三个核心角色（教练员、运动员、裁判员）已呈现明显的族裔多元化，以非裔和拉美裔为代表的少数族裔在这些体育联盟中的地位日益重要[17]。

体育英雄在不同项目的成就宣示了各个族裔在这个共有的社会的存在感，通过体育领域的成功超越了族裔边界而构建起同胞的认同感。身为萨摩亚人后裔的跳水运动员格雷格·洛加尼斯（Greg Louganis）代表美国赢得了 6 个世锦赛冠军和 4 枚奥运会金牌。美国女子奥运赛艇队队长阿妮塔·德弗朗茨（Anita DeFranz）在 1997 年成为国际奥委会副主席中的一员，是第一位获此殊荣的黑人女性。80 年代田径领域的两位黑人奇才卡尔·刘易斯（Carl Louis）和乔依娜（Florence Griffith-Joyner）则通过各自的成功使美国长期保持世界田坛的霸主地位。亚裔花样滑冰运动员关颖珊（Michelle Kwan）和克里斯蒂·山口（Kristi Yamaguchi）则为美国在冰雪运动方面赢得了无数荣誉。墨西哥裔美国人奥斯卡·德拉·霍亚

（Oscar De La Hoya）在 1992 年获得奥运金牌后，又在职业比赛中赢下 10 个世界冠军头衔。有多族裔混血的"老虎"伍兹（Eldrick Woods）的成就超越了族裔界限，打破了高尔夫项目白人一统天下的局面，也成为继乔丹以后新的世界性体育偶像[12]。而融合了多族裔运动员的美国女足、篮球和排球国家队在众多世界性大赛中所取得的胜利，也在高曝光率和全球体育迷面前定义了"美国"。

体育通过构建宏大的场域将各个族裔人群联系起来。一方面从政治层面强化了各个族裔人群对美国制度的认可，将各个族裔人群纳入国家共同的政治文化生活中建构起"共同体"，完成由"民族"身份向"公民"身份的转变。另一方面增强了各个族裔人群在这个社会的存在感和被接受感，在体育场域中建构了积极的群际接触，使得各族裔群体通过体育强化对彼此的同胞之情，建构起"国族"的心理和情感意识，在提升族裔荣誉感的同时完成从族裔认同到国家认同的升华，保证国家认同的上位性和族裔认同的下位性，使得二元认同以合理的位置关系统一起来。

4 结　语

民族国家语境下认同政治的二元性主要体现在构建公民身份的过程中既对国家的政治理念、社会经济制度等方面予以肯定和赞同，又是对文化习俗、历史传统、宗教信仰等因素的内化和确认。亨廷顿曾提到："只要族群愿意保持他们的认同，族裔认同就能延续下去，但是他们会转而认同美国的政治价值观、理念和象征。忠诚于后者是对他们是否成为'美国人'的考验，这种忠诚和他们保持族裔的文化和传统可以达到完美的相容。"[22]

从美国经验来看，族裔认同和国家认同之间始终存在着对立统一的竞争关系。体育作为一种文化场域，既能强化国家认同也能强化族裔认同。当少数族群被压制及边缘化，或是对国家政体、社会公平性以及主流价值观产生质疑时，体育成为其进行文化自保、强调平权、宣泄不满的工具，客观上增强族裔认同。而体育又作为美国在这种二元博弈中建构更宏大的国族共同体的重要工具。其将不同族群融入美国社会，建立公民意识，进入宪法法律体系，从政治文化上建构美国身份，而超越族裔背景成为"美国人"。这种跨族群、跨阶级的文化普适性，正是体育有别于历史、语言、文字等其他文化场域的特殊功能。本尼迪克·安德森提出"民族是想象和建构的"，体育在这个进程中可以更有效率地构筑起融合多民族元素的更为宏大的文化场域，将不同的族裔群体纳入到这个"想象和建构的共同体"中，提升各个族群参与国家政治文化生活的热情，超越以血缘、历史等为纽带的族裔认同，将自身视为更宏大的"国族"共同体的一员，建构起超越族裔认同的国家认同。

参考文献

[1] 金家新. 论民族国家认同政治的双元性结构及其同一性机理[J]. 新疆大学学报（哲学·人文社会科学版）2016.5(9): 91-97.

[2] 哈贝马斯. 包容他者[M]. 曹卫东，译. 上海：上海人民出版社，2002.

[3] 安东尼·史密斯著，龚维斌等译. 全球化时代的民族与民族主义[M]. 北京：中央编译出版社，2002.

[4] 艾瑞克·霍布斯鲍姆，周红云. 认同政治与左翼[J]. 马克思主义与现实，1999.2(4):35-40.

[5] 马俊毅. 多民族国家共同体的建构与治理——身份政治的发展与影响[J]. 学术界，2017.2(2):97-106.

[6] Adrian, S. & Dilwyn, P.. Sport and National Identity in the Post-War World[M]. Oxford: Routledge，2004.

[7] 马军. 体育运动对族裔认同的整合作用——美国经验的启示[J]. 体育学刊，2015.22(3):71-74.

[8] 霍布斯鲍姆, 兰杰著, 顾杭, 庞冠群, 译. 传统的发明[M]. 南京：译林出版社，2008.

[9] 安东尼·史密斯著，王娟译. 族裔认同[M]. 江苏：译林出版社，2018.

[10] RADER G. B. The Quest for Subcommunities the Rise of American Sport[J]. American Quarterly，1997 (29)：355-369.

[11] Guttmann, A. From Ritual to Record: The Nature of Modern Sports[M]. Columbia University Press, 2004.

[12] Gems, G, et al. Sport in American History—From Colonization to Globalization[M]. Champaign, IL: Human Kinetics, 2016.

[13] COAKLEY J. Race and Ethnicity in the Sociology of Sport in the United States[OL]. https://www.researchgate.net/publication/236001399 Race and Ethnicity in the Sociology of Sport in the United States.

[14] 威尔·金里卡. 多元文化的公民身份——一种自由主义的少数群体权利理论[M]. 马莉，张昌耀译. 北京：中央民族大学出版社，2009.

[15] 刘永刚. 跨界民族成员的身份认同与公民身份建构. 西北民族大学学报（哲学社会科学版），2014.5(9):121-127.

[16] 肖滨. 两种公民身份与国家认同的双元结构. 武汉大学学报(哲学社会科学版)，2010.1(1):76-83.

[17] TIEDS: The Racial and Gender Report Card (RGRC) [OL]. https://www.tidesport.org/racial-gender-report-card.

[18] Nelson, M. Why Sports History Is American History? [OL]. https://www.gilderlehrman.org/history-by-era/reform-movements/essays/why-sports-history-american-history.

[19] Majuire, J.. Global Sport: Identity, Societies, Civilizations[M]. Cambridge: Polity Press, 1999.

[20] 李春华. 体育在国家认同形成与强化中的功能[J]. 武汉体育学院学报, 2007.7(7):21-24.

[21] 奥斯瓦尔德·斯本格勒. 西方的衰落[M]. 西安：陕西师范大学出版社，2008.

[22] Huntington, S. American Politics: The Promise of Disharmony[M]. Cambridge: Harvard University Press, 1981.

Ethnicity or Nationality: The Construction of American National Identity in Sports

Abstract

In today's world, most countries are made up of multi-ethnic groups. National identity and ethnic identity are intertwined and inseparable. By deconstructing the sports governance of American national identity construction, this paper finds that the function of sports in identity construction is equally significant for national identity and ethnic identity. It can not only be an important way to realize political ideas and communicate mainstream cultural values, playing a positive role in shaping national identity, but can also be transformed into a tool, under certain conditions, for ethnic groups to keep cultural self-preservation and emphasis on equal right and vent discontent, objectively leading to the prevalence of multiculturalism, the enhancement of ethnic identity and even the hotbed of narrow nationalism and separatism. By integrating American experience, this paper puts forward the enlightenment of Chinese sports governance in dealing with the relationship between national identity and ethnic identity in the new era: by maintaining the subordination of ethnic identity and the supremacy of national identity in the development of sports, we can enhance the identity of socialistic system with Chinese characteristics, Chinese national culture, citizenship and "Chinese national identity".

Keywords: national identity; ethnic identity; American sport; nationality

The Distribution of Excellent Ethnic Sports Culture of China in Russia

桂裕龙[1]，孙贵龙[2]
1，2 中南民族大学体育学院，湖北 武汉，430074

Abstract: The article is devoted to the analysis of modern practices of the national sports culture of China and their application in Russia. A retrospective analysis of the relationship between Russia and China in the framework of cultural exchanges in the field of sports has been carried out. The article describes the modern popular national sports practices of China, identifies the reasons for the increased attention to the sports sector by the state system of China, as well as the economic potential of the sports industry, and also examines the dynamics of the achievements of Chinese athletes at the Olympic Games. Results: a) the concepts of national and traditional sports cultures are revealed in the context of the role of traditions, institutional factors and international trends; b) the main stages of the formation and development of cultural and sports relations between China and Russia are identified; c) presents the best practices of the Chinese national sports culture in Russia.

Keywords: national sports culture; traditional sports culture; sports practices; Chinese sports culture; creative sports industry

1 Introduction

The global socio-economic space continues to change under the influence of the 2019-2022 crisis caused by the pandemic, financial and economic shocks and the geopolitical situation. In this context, strengthening interaction between Russia and China is of strategic importance for the global socio-economic system. The strategic courses of the two states are similar: pursuing an independent and multi-vector foreign policy in all areas, from trade and economic relations to sociocultural exchanges.

The second decade of the 21st century was marked by a comprehensive rise and expansion of Russian-Chinese cooperation in the economic, political, scientific, technical and cultural spheres. This gave grounds to declare the transition of Russian-Chinese relations to comprehensive strategic cooperation and interaction. Sino-Russian relations continue to develop at a high level, contacts between the leaders of the two countries are becoming more frequent, business cooperation is steadily advancing [Ambassador of the PRC in the Russian Federation ..., 2017]. This was evidenced, in particular, by Xi Jinping's visit to Russia in March 2023, which gave a new impetus to further strategic interaction between the countries.

China is of interest to Russia as a huge potential market for a number of strategic goods and services, as well

基金项目：国家社会科学基金青年项目（22CTY014）；中南民族大学中央大学基础研究业务费专项基金项目（CSQ23043）。
[1] 第一作者简介：桂裕龙（1989-），男，湖北武汉人，博士，讲师，研究方向：体育教育训练学，E-mail：2019051@mail.scuec.edu.cn.

as China's capabilities in the production of consumer goods and manufacturing equipment. At the same time, cooperation with Russia makes it possible to resolve China's logistical issues in the Western direction in the context of the restoration of the Silk Road. Thus, there is a deepening of cooperation in the financial and investment sphere, a number of large investment projects were agreed upon, a decision was made to strengthen interbank cooperation, the volume of direct settlements in national currencies is steadily increasing, etc. For example, over time, the trade turnover has been steadily increasing, starting from 86.9 billion dollars. USA in 2017 to 140 billion dollars. United States in 2021. In 2024, trade turnover is planned to grow to $200 billion. USA [Trade relations of Russia…, 2022].

The countries invariably set themselves the goals of raising the level and expanding the spheres of Russian-Chinese cooperation not only in the sphere of trade and economic relations, but also in culture. In the context of the current uncertain geopolitical and economic situation, it is culture and sport that can potentially strengthen and support the dynamics of interstate socio-economic relations.

2 Methodology and research sources

Within the framework of the study, general scientific methods were used: analysis, synthesis, generalization. The historical method was also used in the analysis of the development of relations in the field of sports interaction and the exchange of practices between Russia and China. The methodological basis is the analysis of scientific literature in the field of studying the national sports culture of China, Russian-Chinese interaction, as well as the features of the system of physical culture of the two states.

Various information sources were used to work on the material: scientific articles, publications, as well as official documents of China and Russia.

3 Findings and discussion

Today, the Russian Federation and China are strategic partners in the development of the Eurasian and world space not only in the socio-economic sphere, but also in sports. The exchange of sports practices and cultural experiences is a set of sports relations between participating entities through sports events, sports assistance, sports and cultural events, etc.

The main prerequisites for such cooperation are the length of the common border, which is more than 4 thousand km, and a long history of socio-cultural interaction. However, it should be noted that since the formation of the PRC, Russian-Chinese, and earlier Sino-Soviet relations, have experienced a profound systemic transformation. Relations between the two states in the field of sports have a fairly long history. Thus, observing periods of active cooperation and cooling within the framework of sports interaction was possible. In general, in the history of modern relations between Russia and China in the field of sports, several stages can be distinguished (table 1).

In building a new system of relations between states, the exchange of sports and cultural practices plays an important role, since it allows the establishment of deep friendly relations between peoples. Prospects for the development of Russian-Chinese sports relations are presented in an optimistic perspective. Today, sport has become an important vehicle for cooperation between the two countries (Arnold, 2021).

Table 1 — Periodization of cultural and sports relations between Russia and China

№	Stage	Period	Characteristic
1	Formation	1949-1960s	China is actively adopting the experience of the USSR in building a state system for supporting and developing physical culture and sports. There is an exchange of expert assistance and joint training of athletes [Rui, Ye, 2022].
2	Cooling	1960s-late 1980s	The decline and decline of sports exchanges. Breakdown of relations between countries
3	Recovery	1991-2013	Restoring and building Russian-Chinese relations on the principles of bilateral partnership in all areas. Completion of the transition from «mutually friendly countries» to «comprehensive strategic partners» [Rui, Ye, 2022].
4	Prosperity	2013-our time	Cooperation within the framework of the One Belt, One Road initiative. Interaction and exchange of experience in sports achievements and development of physical culture. Creation of an effective mechanism for cooperation between the Russian Federation and China. Formation of a common cultural and sports space.

Source: compiled by the author

Sport is a multifaceted social phenomenon and an integral element of both the physical culture of society and the sociocultural system as a whole [Lukyanenko, 2020]. Its defining feature is competitive activity and the process of preparation for it. Today, sports can be attributed to social institutions, the influence of which on society is constantly growing [Lukashchuk, 2021]. It covers educational, scientific, recreational organizations, the media, as well as the production of clothing, sports equipment, food and other goods and services.

About 70 sports are officially registered at the international level. All of them differ in the following characteristics: criteria for evaluating effectiveness, features of target settings, main functions, contingent of those involved, material support, significance for those involved, etc.

At the same time, sport is a component of national identity, as it is formed on the basis of the dominant traditions of physical education and culture (Dyck & Archetti, 2020). In turn, physical education is inextricably linked with solving problems of labor activity, aesthetic education and understanding of beauty, with the formation of an active and socially helpful person. Physical culture is an organic part of the general culture of the individual and society, which is a set of material and spiritual values created and used by society for the physical improvement of people [Prots et al., 2021]. It is a creative activity to master the past and create new values in the field of physical development, health improvement, and people's education.

In general, there are two types of culture:

Traditional culture is a set of material and spiritual values developed by a certain ethnic group living in a certain territory during a certain historical period. This is an expression of traditional culture, for which new practices are rather a destructive factor that can destroy the information complex built earlier [Abdulkhalykova &

Abdulaeva, 2020].

National culture unites people living in large areas and not connected by consanguinity and traditional ties. The unification takes place on the basis of interaction with public institutions and most often as a result of strengthening the system-forming role of the state.

The national sports culture is perceived as more universal than the traditional one. So, in traditional culture, uniformity is ensured by customs, while in national culture uniformity is ensured through general socialization [Kokhanovsky, 2013]. It is believed that the national culture is based on a variety of principles of integration, regulation and organization, which are set by the national state [Abdulkhalykova & Abdulaeva, 2020]. The presence of a national standard contributes both to the formation of the cultural unity of citizens and social conformity (Kelly, 2019).

In the 21st century, the relationship between sports and national identity has become much more complicated. The reason is the large-scale migration of athletes in elite and mass sports, as well as the commercialization of sports. In the context of globalization and internationalization of sports practices, we can also talk about mass sports culture. Its appearance is also due to the trend towards standardization and unification.

Professional sport as a spectacle is considered as one of the creative industries - the creative industry of sports culture. So, in 2020, the volume of production of the sports industry in China was 313.6 billion yuan, which is 0.6% of GDP, in Russia, the volume of the sports market in 2021 was 103.5 billion rubles, which was 0.08 % of the country's GDP [Sports industry in the RF…, 2022]. These indicators indicate the level of industrialization of sports in the countries under consideration. For comparison, the output of the US sports industry is $441 billion, which is about 3% of US GDP [Santos et al., 2017; Yu, 2020]. By 2025, China's sports industry is expected to become an important force in the sustainable development of the national economy, with a total value of more than 5 trillion dollars. yuan [Kempe & Memmert, 2018; Yu, 2020], and the sports area per capita will increase to 2.6 square meters [China to increase…, 2022].

Over the past two decades, China has made significant progress in the field of physical culture and sports, which has attracted the attention of scientists and analysts from all over the world. Thus, these issues are covered by such authors as A. Bulashev, L. Kun, A. Maslov, L. Hongjuan, L. Dawei, L. Jing, M. Jingang, T. Lei, Ch. Shaulin, Q. Yu and others [Gorbatenko et al., 2019]. The research is devoted to various aspects of the formation of a specific national sports culture in China. For example, a deep analysis of the essence and significance of physical culture in the context of the cultural environment of China is presented in the monograph by Q. Yu "A great look at the traditional sports of the Chinese nation" [《中华民族传统体育大观》弘扬传统文化.., 2015].

In the scientific and journalistic literature questions of the history of the formation and development of China's physical culture are raised, the traditions and features of the organization of mass sports are studied, the features of physical education of young people and students of educational institutions in China are analyzed. Sports and health tourism and recreational practices of the country deserve special attention.

It should be noted that in China, at the state level, sports play an important role, and physical culture is of great importance in education [Ge et al, 2019]. Most people from an early age are engaged in martial arts and health-improving physical culture practices.

Significant systemic changes in the country occurred as a result of the formation of the PRC and affected

almost all spheres of life of the population. Already in the early stages of the formation of the republic, the central leadership realized the important role of mass sports and physical culture and encouraged the population to actively go in for sports. Sports were seen as an important tool for state building. At present, the main goal of mass sports in China is to improve the health of the nation.

In modern China, systematic work is being carried out on the moral, spiritual and physical education of young people. In order to understand the specifics of the national sports culture of China, in our opinion, it is advisable to present its evolution (table 2). It is important to note that the entire national sports culture of China is based, first of all, on the philosophical and institutional systems inherent in traditional sports practices. Attention to body culture is fundamental, and the competitiveness and philosophy of achievement allows Chinese athletes to achieve systemic results.

Table 2 — Stages of development of China's national sports culture

№	Period	Characteristic
1	1930-1948	Physical culture and sports are of a military-applied nature and are regarded as one of the means of combating Japanese imperialism.
2	1949-1956	Historical changes and programmatic development of mass sports are taking place. In 1952, Mao Zedong issued a decree on the development of physical culture and the improvement of people's health.
3	1956-1965	The initial period of the development of elite sports.
4	1970s	The development of elite sports and the beginning of China's international participation in various sports activities.
5	1980s	China claims to be a world sports power [Lo, 2022; Sagalaev et al., 2011].
6	2000s	Transformation of the global sports community

Source: compiled by the author

National traditional sports are the treasury of China's traditional culture and important carriers of the history, culture, religion and folk customs of various ethnic groups, reflecting social changes and regional development in different periods. The "Proposal" of the 5th Plenum of the Central Committee of the Party of the XIX convocation proposed: "Inherit and develop traditional Chinese culture" [中国共产党第十九届中央委员会第五次全体会议在京召开…, 2020]. The country attaches great importance to cultural construction and civilization building projects, and sports are the most important tool for preserving the traditions of physical culture.

Traditional Chinese sports include wushu, tai chi, qigong, Chinese wrestling, Chinese chess, go, etc. Martial arts are quite common in China. They can be used for both fitness and self-defense. The main content of martial arts includes boxing without weapons and attack and defense techniques with their own schools and techniques. Sufficiently saturated and varied sporting events in areas inhabited by ethnic minorities. Competitions such as Mongolian wrestling and equestrianism, Tibetan yak racing, Korean springboard and swing, Miao crossbow shooting, etc. are both interesting and competitive.

The website of the Chinese government states that "opening a list of national sports is like opening an encyclopedia of national culture" [中华人民共和国中央人民政府门户网站…, 2023]. After the founding of New China, the country intensified research into traditional culture and activities aiming at protecting it. Traditional sports, known as the "living fossil" of the national culture, have been developed. According to incomplete statistics, more than 1,000 traditional sports have been identified and sorted, of which more than 700 belong to 55 ethnic minorities. The largest platform for demonstrating the traditional sports of national minorities is the National Games of the People's Republic of China. They first started in 1953. A total of 395 athletes from 13 nationalities participated in the Games, and there were a total of 5 competitions and 3 performances, respectively. In September 2021, the XIV Chinese National Games were held. 12 thousand athletes took part in their final stage, a total of 54 sports were represented and 595 events were held, of which professional athletes took part in 35 sports and 410 events [中华人民共和国全国运动会..., 2021].

It should be noted that along with traditional sports in China, modern disciplines have also gained wide popularity: military (martial) arts, shooting, table tennis, gymnastics and trampolining, weightlifting, badminton, athletics, swimming, short track , figure skating, speed skating, basketball, billiards, etc.

It should also be noted that the Olympic Movement played a key role in the development of Chinese sports. China has developed a culture of sports focused on international achievement. The XXIV Winter Olympic Games in 2022 gave a powerful impetus to the development and popularization of winter sports among Chinese youth.

Based on the above information, we can conclude that throughout its existence, the PRC has been in search of a balance between the formation of its own cultural identity and active interaction with global processes. This is reflected in sports culture as well. We can assume that the structure of Chinese sports culture is quite complex and consists of three levels:

traditional ethnic sports culture inherent in national minorities, which is opposed to the national sports culture;

national sports culture of mass sports — a system of everyday practices and amateur sports;

sports of achievement and international cultural practices — sports associated with world tournaments and the olympic movement.

Next, we highlight the most popular sports in China. It is quite natural that the long and rich history of the development of China's sports culture has contributed to the dynamics of modern achievements of Chinese athletes. Today, mass physical culture is already China's state strategy, and high-performance sports are showing significant growth, as evidenced by the results of the Olympic Games. So, since the 2000s, China confidently takes the lead in the overall standings, and the number of medals won is consistently high. The Games of the XXIX Olympiad in 2008 in Beijing were marked by unprecedented achievements and further marked new trends in the development of Chinese sports: the desire for pluralism, decentralization and commercialization, the development of the sports industry, the strengthening of the country's representation and influence in international sports organizations, the active development of mass sports [Gorbatenko et al., 2019].

The main task in the development of the PRC sports industry in the post-Olympic era was the transformation of China from a "strong country in sports into a sports power" [Gorbatenko et al., 2019]. At the same time, the sports industry is considered as the driving force behind the sustainable development of the national economy of China [Yu, 2020].

Table tennis, badminton, and basketball are considered typical sports in China. Football is gaining popularity in China. China's growing middle class also has time for running, fitness, table tennis, basketball, as well as winter

sports and football.

For Chinese amateur athletes, running is currently the most important and accessible sport. 44% of Chinese athletes consider running their main sport. Most Chinese runners are between 36 and 45 years old. In 2017, over 100 marathons were held in China. An entire fitness industry is actively developing around this sports practice, providing specialized clothing, shoes and accessories.

For years, two sports have been among the most popular in China: badminton and table tennis. In international professional sports, the Chinese dominate in them. Badminton and table tennis are also popular leisure activities. More than a third of Chinese sportsmen also play badminton, and more than a fifth prefer table tennis.

In addition, China is the largest international market for the American NBA professional basketball league. Even though anything "western" was frowned upon, basketball was a popular sport in China during the Cultural Revolution (1966-1976). This popularity continues today. Over 18% of Chinese athletes play basketball.

In addition, today the popularity of football is actively growing. Thus, the proportion of Chinese athletes who also play football is 12%. The Chinese leadership has announced the ambitious goal of winning the World Cup in 2050. For this, football academies are being created, football fields are being built. Although China is currently ranked 80th in the FIFA World Rankings

The 2022 Winter Olympics in Beijing stimulated public interest in winter sports and also attracted investment in infrastructure. We are witnessing the emergence of the world's largest market for winter sports services for beginners. In 2016, there were almost 650 ski resorts in China. Most of them had a height difference of no more than 100 meters. By the end of 2021, 803 ski resorts have been built in China, according to the National Administrative Center for Winter Sports. - URL: https://www.sport.gov.cn/dyzx/, 2023]. This is 317% more than in 2015. Many Chinese try skiing and the number of visitors to these areas has increased significantly in recent years.

Also in China, eSports is actively developing. So, in 2020, the eSports market in China exceeded $20 billion. US Games such as League of Legends and DOTA are very popular among the population [Klingelhöfer, 2022]. Although there is still no consensus on whether eSports is a real sport, its market in China continues to grow.

The success of the development of sports national culture in China could not but be reflected in Russia.

The Belt and Road Initiative is an important part of China's socio-cultural and socio-economic strategy. We can say that this is the revival of the Silk Road in the realities of the 21st century. This idea fits into the context of the slogan of the "Chinese dream" — the revival of the Chinese nation [Vinogradov, 2017], voiced by the current leader of the PRC, Xi Jinping, almost immediately after his election to the post of General Secretary of the CPC in November 2012. The successful implementation of the One Belt, One Road initiative, among other things, implies an interface with Russia in the field of culture as part of an overall cooperation strategy. This, in turn, provides for the need for all-round interaction on the principles of friendliness, partnership and mutual benefit, and also makes it possible to lay a good and reliable foundation for further common projects.

Russian-Chinese cross-border cooperation maintains a positive trend, despite the crisis in the global economy, which indicates the high potential of this cooperation [Shutaeva, Cheremis, 2017].

Due to geographical features, for a long time the main form of ties between the bordering regions of Russia

and China has been interregional economic interaction. This is primarily cross-border trade, which stimulates the development of the economy, creates the prerequisites for expansion and improvement in all areas of activity of neighboring states [Abdullaev et al., 2015]. The active development of cross-border trade provides an influx of able-bodied population, which stimulates the development of related sectors of the socio-economic system: services, culture, and sports.

A specific feature of Chinese border cooperation is the interaction of territories belonging to different cultural and civilizational systems. Their interaction should contribute to the emergence of unique socio-cultural practices.

Sports culture is a universal tool for developing strategic partnerships between states and peoples. Sport plays an important role in the life of citizens of the Russian Federation. According to the results of studies conducted by VTsIOM in 2021, more than half of Russians go in for sports or physical education (56%) [Sportivnaya Rossiya…, 2021]. 43% of Russians do not go in for sports or exercise. The main reasons why citizens do not go in for physical culture were: lack of time (32%) and health restrictions (19%). Such aspects as laziness and lack of desire, physical labor and a fairly active lifestyle, and retirement age also play their role (9% respectively). The most popular sports among Russians are running, athletics or walking (36%). In second place in popularity is fitness or complex physical education (25%). Then physiotherapy exercises (18%), skating, skiing (18%), cycling (18%), swimming (12%) were singled out in terms of popularity.

On October 17, 2022, the President of the Russian Federation signed a decree on holding the Years of Russian-Chinese cooperation in the field of physical culture and sports in 2022 and 2023. The document was published on the official Internet portal of legal information on Monday. A plan of joint events was also published there, within the framework of which more than 450 joint events were planned [Years of Russian-Chinese cooperation…, 2022].

In July 2022, in Harbin, Russia and China agreed to expand trade and economic cooperation. On the Russian side, the event was attended by six Far Eastern regions, in which the activation of international relations is planned: Primorsky Krai, Amur Region, Jewish Autonomous Region, Kamchatka Territory, Sakhalin Region, Khabarovsk Territory [Eight regions of the Russian Federation …, 2022]. First of all, it was about border trade, which stimulates the development of the economy, creates prerequisites for expansion and improvement in all areas of activity of neighboring states [Abdullaev et al., 2015]. The active development of cross-border trade provides an influx of able-bodied population, which stimulates the development of related sectors of the socio-economic system: services, culture, and sports.

Chinese and Russian regions are also actively interacting with each other in the field of sports. So, on January 18, 2020, the International Friendly Hockey Tournament, organized by the governments of Heilongjiang Province and the Amur Region, was held on the Heilongjiang River on the border between China and Russia. On December 16, 2021, Heihe University and Amur State University established a joint research base for teaching ice and winter sports for students of Chinese and Russian universities. This project is in line with the Treaty of Good Neighborliness, Friendship and Cooperation, promotes exchanges and cooperation in sports and culture between Chinese and Russian universities, and contributes to the preparations for the 2022 Winter Olympics in Beijing.

Sports cooperation is also actively developing at the regional level. In the border regions of China and Russia, sports cooperation is regular. Examples include the Russian-Chinese Winter Youth Games, annual hockey matches

on the Amur River between teams from the border regions of the two countries, the Silk Road international rally, the traditional international swim across the Amur (Heilongjiang). Of considerable interest among Chinese sports enthusiasts is the annual fitness marathon organized by the Chinese-Russian Committee for Friendship, Peace and Development and the Healthy Lifestyle Council under the committee.

In general, the parties actively implement interregional agreements and improve the legal framework for cooperation in the field of sports, as well as assist in establishing direct links between regional sports federations, associations, clubs and other specialized organizations. This can be evidenced by joint sporting events and projects implemented in Russia (Table 3)

Table 3 — Significant joint sporting events and projects implemented in Russia

Year	Event	Region
2021	Creation of a research base for teaching ice and winter sports	Amur region
2021	International Friendly Ice Hockey Tournament	Amur region
2021	Chinese Ambassador Cup Weiqi (Go) - 2021	Moscow
2021	The first friendly competition of Chinese sports and art projects "Confucius Cup"	Moscow
2021	International rally *Silk Way*	Russian Federation
2023	Russian-Chinese Winter Sports Festival	Amur region

Источник: составлено автором

Table 4 — Distribution of national and traditional Chinese sports practices in Russia by regions

Kind of sport	Distribution region	The number of athletes
Wushu	Republic of Dagestan, Moscow, Voronezh region, Krasnodar region, Novosibirsk region, Perm region.	350 masters of sports, 48 masters of sports of international class
Badminton	Moscow region, Republic of Tatarstan, Republic of Bashkortostan, Nizhny Novgorod region, Moscow.	178 masters of sports, 21 masters of sports of international class
Table tennis	Republic of Buryatia, Republic of Tatarstan, Republic of Khakassia, Krasnodar Territory, Arkhangelsk Region, Moscow Region, Nizhny Novgorod Region, Novosibirsk Region, Orenburg Region, Samara Region, Sverdlovsk Region, Moscow, St. Petersburg.	605 masters of sports, 10 masters of sports of international class
Go	Республика Карелия, Республика Татарстан, г. Москва, Московская область, г. Санкт-Петербург	36 masters of sports, 3 grandmasters.

Source: compiled by the author based on data from the Ministry of Sports of the Russian Federation [Statistics and Analytics..., 2023]

Among the main sports practices that were adopted by the Russians, table tennis, badminton, kung fu/wushu, health practices of qigong, go, breathing exercises and other gymnastic exercises should be noted first of all. Let us consider in more detail the spread of these practices in Russia in Table 4. It can be seen from the table that Chinese practices are widespread far beyond the regions directly bordering China. Table tennis is the most widespread and numerous in terms of the number of athletes. The game of go is a small one.

At the same time, the geography of direct Russian-Chinese sports interaction is obvious. Cooperation

between the two countries in this area is concentrated in the border areas, especially in the Chinese province of Heilongjiang and the Russian Far East. There are a number of framework agreements signed by the sports departments of both sides on the development of sports cooperation. Looking at the large-scale sports competitions and sports events held between China and Russia in recent years, such as the Sino-Russian Sports Congress, the hosts and venues are mainly the neighboring regions of the two countries, while sports exchanges between other regions of the two countries are few [Wang, 2022].

4 Conclusion

Russian-Chinese cooperation in the field of sports has a long history. In recent years, the level of cooperation has reached new heights. The years of sports exchanges between China and Russia against the backdrop of the opening of the Winter Olympic Games in Beijing are of exceptional importance, highlighting the special subtext and important role of sports cooperation between China and Russia, opening up a new area of interaction between the peoples of the two countries. Big challenges are facing both sides of the cooperation.

Summing up, we can say that with the deepening of socio-economic interaction and partnership between China and Russia, sports culture has become an important part of bilateral diplomatic relations. The leaders of the two countries often attended high-class sporting events, and non-governmental exchanges between China and Russia developed in close relationship [Rui, Ye, 2022]. Sports exchanges have achieved remarkable results and have played an important role in strengthening trade relations between countries.

The issue of developing a mechanism for strengthening bilateral strategic cooperation, creating a mechanism for involving all sectors of society in cultural and sports events, and addressing internal and external adverse factors that affect the effectiveness of cultural exchanges in the field of sports between Russia and China is topical. The analysis carried out demonstrates the high potential of applying the practices of China's national sports culture in Russia.

参考文献

[1] Abdulkhalykova, L. H., & Abdulaeva, I. A. (2020). National and ethnic culture. World Science, (3 (36)), 131-136.

[2] Abdullaev, N. V., Belkina, E. N., Bondareva, Ya. Yu., Borzenkova, N. S., Brutyan, M. M., Gerasimova, N. A., ... & Shevtsov, V. V. (2017). Innovative potential of the national economy: priority areas for implementation.

[3] Amold, R. (2021). Nationalism and sport: A review of the field. Nationalities Papers, 49(1), 2-11

[4] China is implementing a large program to develop new sports for the country. / Rossiyskaya gazeta - Special issue: Breath of China, January 28, 2022 No. 8667.

[5] Dyck, N., & Archetti, E. P. (2020). Embodied identities: Reshaping social life through sport and dance. In Sport, dance and embodied identities (pp. 1-20). Routledge.

[6] Ge, Y., Schinke, R., Dong, D., Lu, C., Si, G., & Oghene, O. (2019). Working with Chinese Olympic athletes in their national sport system: From the conceptual to proposed research–practice integration. International Journal of Sport and Exercise Psychology, 17(1), 5-17.

[7] Gorbatenko, T. B., Prokofieva, L. K., & Sharenkova, T. A. (2019). Formation of physical culture and sports in China. Problems of modern teacher education, (62-1), 102-105..

[8] Kelly, L. E. (2019). Adapted physical education national standards. Human Kinetics Publishers.

[9] Kempe M, Memmert D. "Good, Better, Creative": The Influence of Creativity on Goal Scoring in Elite Soccer // Journal of Sports Sciences. - 2018. - Vol. 36. - no. 21.-pp. 2419-2423.

[10] Kokhanovsky, E. V. (2013). Mass culture and Russian professional sports. Bulletin of Moscow University. Series 19. Linguistics and Intercultural Communication, (1), 130-136..

[11] Lukashchuk, V. I. (2021). The genesis of sport: a review of the main theories. Nomothetika: Philosophy. Sociology. Law, 46(4), 652-661.

[12] Lukyanenko, V. P. (2020). The problem of conceptual and terminological support for the development of the Concept for the modernization of the subject "Physical Education". Theory and practice of physical culture, (1), 101-104.

[13] Prots, R., Yakovliv, V., Medynskyi, S., Kharchenko, R., Hryb, T., Klymenchenko, T., ... & Maksymchuk, B. (2021). Psychophysical training of young people for homeland defense using means of physical culture and sports. BRAIN. Broad Research in Artificial Intelligence and Neuroscience, 12(3), 149-171.

[14] Rui, V., & Lo, E. (2022). Historical changes and ways of development of sports diplomacy of China and Russia. Innovative Science, (8-1), 20-27.

[15] Sagaleev, A. S., Durinov, A. E., & Khamaganov, B. P. (2011). Asian model of management of physical culture and sports. Bulletin of the Buryat State University. Philosophy, (13), 129-135.

[16] Santos S., Jiménez S., Sampaio J. Effects of the Skills4Genius sports-based training program in creative behavior // Plos One. - 2017. - Vol. 12. - no. 2.

[17] Shutaeva, E. A., & Cheremis, A. A. (2015). The main directions of cross-border cooperation between Russia and China. Contemporary Research and Innovation, (12), 519-524.

[18] Sorokina, E. L., & Temnikova, V. E. (2021). Russia and China: Comparative analysis of the systems of physical education of students in Russia and China. In Proceedings of the All-Russian Scientific and Practical Conference "Science and Society" (No. XVIII, pp. 99-103).

[19] Wang, K. (2022). Russian-Chinese sports cooperation: analysis of achievements, problems and development prospects. Theories and problems of political research. Founders: Analytics Rodis, 11(3A), 113-121.

[20] Yu F. Development Strategy of Sports Culture Creative Industry Based on Computer Network // Journal of Physics: Conference Series. - IOP Publishing, 2020. - Vol. 1533. - no. 2.

[21] China to increase per capita sports area to 2.6 square meters in 2025

[22] Chinese Ambassador to Russia Li Hui: "One Belt, One Road" --- A new impetus for the further development of Sino-Russian relations. 2017.
URL: http://ru.china-embassy.gov.cn/rus/ztbd/xjpgsfw/201706/t20170630_3113003.htm

[23] Eight regions of Russia and China intend to expand trade cooperation. July 7, 2022

[24] Klingelhöfer C. These are the Most Popular Sports in China // ISPO, 2022.
URL: https://www.ispo.com/en/news-markets/these-are-most-popular-sports-china#share- article footer

[25] Sports Russia. Analytical review. April 5, 2021. — URL: https://wciom.ru/analytical-reviews/analiticheskii-obzor/sportivnaja-rossija

[26] Statistics and analytics of the development of sports in Russia. — URL: https://msrfinfo.ru

[27] The sports industry in the Russian Federation depends on world prices for raw materials. Information Agency "Center for Sports Information". - URL: https://sportssmi.ru/2022/03/04/sportivnaya-industriya-v-rf-zavisit-ot-mirovyh-tsen-na-syre.html (accessed 03/26/2023)

[28] Trade relations between Russia and China: Growth potential. Information-analytical digest. Moscow, August 2022. 24 p.
ttps://roscongress.org/upload/medialibrary/4a2/4pts3f1k380ui4ix17knmn7rqr2r3wqo/China_Russia_final.pdf

[29] Vinogradov A. What is the One Belt, One Road project and what are the prospects for its 'pairing' with the Eurasian Union // Sonar 2050. 05.09.2017. — URL: https://www.sonar2050.org/publications/chto-takoe-kitayskiy-proekt-odin-poyas-odin-put-i-perspektivy-ego-sopryajeniya-s-rossiyskim-proekt/

[30] Years of Russian-Chinese cooperation in the field of physical culture and sports in 2022-2023.
URL: https://minsport.gov.ru/activities/gody-rossiysko-kitayskogo-sotrudnichestva/

[31] 《中华民族传统体育大观》弘扬传统文化.
URL: https://www.sport.gov.cn/n20001280/n20067701/n20067639/c20145528/content.html

[32] 中国共产党第十九届中央委员会第五次全体会议在京召开.
URL: http://www.xinhuanet.com/politics/2020-10-26/c_1126658080.htm

[33] 中华人民共和国中央人民政府门户网站. — URL: http://www.gov.cn/

[34] 中华人民共和国全国运动会. — URL: https://sailing.org.hk/zh-hant/events/14th-china-national-games/

[35] 国家体育总局冬季运动管理中心. — URL: https://www.sport.gov.cn/dyzx/

中国优秀民族体育文化在俄罗斯的分布

摘 要

本文分析了中国民族体育文化的现代实践及其在俄罗斯的应用。在体育领域文化交流的框架下，对俄罗斯和中国的关系进行了回顾性分析。本文介绍了中国现代流行的民族体育实践，确定了中国国家系统越来越重视体育部门的原因，以及体育产业的经济潜力，并考察了中国运动员在奥运会上取得成就的动态。结果：1）民族体育文化和传统体育文化的概念是在传统作用、制度因素和国际趋势的背景下揭示的；2）确定了中俄文化体育关系形成和发展的主要阶段；3）介绍了中国民族体育文化在俄罗斯的最佳实践。

关键词：民族体育文化；传统体育文化；体育实践；中华体育文化；创意体育产业

87

www.ingramcontent.com/pod-product-compliance
Lightning Source LLC
Chambersburg PA
CBHW041042120726
48005CB00017B/2583